불 설 전 생 록

전생록
금생록

풍운 김동석 엮음

편자 : 풍운 김동석
주소 : 서울종로구종로3가 50
　　　전화 764-4464
소개 : 사단법인 한국역리학회이사
　　　제주철학관 대 표

불설 전생록(佛說前生錄) 목차

一, 자년생(子年生) ·········· 七
- 갑자생(甲子生) ·········· 七
- 병자생(丙子生) ·········· 九
- 무자생(戊子生) ·········· 一二
- 경자생(庚子生) ·········· 一三
- 임자생(壬子生) ·········· 一五

二, 축년생(丑年生) ·········· 一七
- 을축생(乙丑生) ·········· 一七
- 정축생(丁丑生) ·········· 二〇
- 기축생(己丑生) ·········· 二三
- 신축생(辛丑生) ·········· 二四

三, 인년생(寅年生) ·········· 二六
- 계축생(癸丑生) ·········· 二六
- 병인생(丙寅生) ·········· 二八
- 무인생(戊寅生) ·········· 二九
- 경인생(庚寅生) ·········· 三一
- 임인생(壬寅生) ·········· 三三
- 갑인생(甲寅生) ·········· 三八

四, 묘년생(卯年生) ·········· 四一
- 정묘생(丁卯生) ·········· 四一
- 기묘생(己卯生) ·········· 四三
- 신묘생(辛卯生) ·········· 四五

계묘생(癸卯生)········四八
을묘생(乙卯生)········五○

五、 진년생(辰年生)········五二
　무진생(戊辰生)········五三
　경진생(庚辰生)········五五
　임진생(壬辰生)········五七
　갑진생(甲辰生)········五九
　병진생(丙辰生)········六一

六、 사년생(巳年生)········六四
　기사생(己巳生)········六六
　신사생(辛巳生)········六八
　계사생(癸巳生)········六九
　을사생(乙巳生)········七一

정사생(丁巳生)········七三

七、 오년생(午年生)········七五
　경오생(庚午生)········七五
　임오생(壬午生)········七七
　갑오생(甲午生)········七九
　병오생(丙午生)········八二
　무오생(戊午生)········八三

八、 미년생(未年生)········八六
　신미생(辛未生)········八六
　계미생(癸未生)········八八
　을미생(乙未生)········九○
　정미생(丁未生)········九一
　기미생(己未生)········九三

九, 신년생(申年生)

임신생(壬申生) -------- 九五
갑신생(甲申生) -------- 九六
병신생(丙申生) -------- 九七
무신생(戊申生) -------- 九九
경신생(庚申生) -------- 一〇一

十, 유년생(酉年生)

계유생(癸酉生) -------- 一〇三
을유생(乙酉生) -------- 一〇六
정유생(丁酉生) -------- 一〇八
기유생(己酉生) -------- 一一〇
신유생(辛酉生) -------- 一一三
            一一四

十一, 술년생(戌年生)

갑술생(甲戌生) -------- 一一六
병술생(丙戌生) -------- 一一八
무술생(戊戌生) -------- 一二〇
경술생(庚戌生) -------- 一二二
임술생(壬戌生) -------- 一二四

十二, 해년생(亥年生)

을해생(乙亥生) -------- 一二六
정해생(丁亥生) -------- 一二八
기해생(己亥生) -------- 一三〇
신해생(辛亥生) -------- 一三二
계해생(癸亥生) -------- 一三四

금생록 (今生錄)

一, 생월운 (生月運) ······ 一三七
二, 생일운 (生日運) ······ 一四五
三, 생시운 (生時運) ······ 一四七
◎ 산계사주법 (算計四柱法) ······ 一五三

부록

◎ 각 부적 ······ 一六八
　만사대길부・옥추소원부 ······ 一六八
　관재소멸부・삼재소멸부 ······ 一六八
　귀신불침부・백사동도부 ······ 一六八
◎ 질병과 부적 ······ 一六九
　일일 병 원인과 처방부 ······ 一七九
◎ 명종불견법 (命終不見法) ······ 一八六
◎ 육도환생법 (六道還生法) ······ 一八七
◎ 초상방위법 (初喪方位法) ······ 一八八
◎ 입관법 (入棺法) ······ 一九〇
◎ 불설삼재경 ······ 一九〇
◎ 삼재 풀이하는 요령 ······ 一九一
◎ 삼재입명 (三災入命) ······ 一九二

불설 전 생 록 (佛說 前生錄)

一, 자년생 (子年生)

자생은 갑자 병자 무자 경자 임자생 등 다섯 사람인바 전생에서 하늘의 옥황상제의 신하로써 북해용왕이 되어 북지국이란 용궁을 다스리고 있었다. 방탕하고 여색을 좋아하여 선녀들을 희롱한 죄로 옥황상제의 노여움을 산 까닭에 그 벌로 그만 여섯신하가 함께 인간세상에 태어나도록 하셨느니라.

甲子生 갑자년에 태어난 사람은 성품이 쾌활하고 용감하며 급하다. 고로 사물에 격동하기 쉬워서 성내기도 잘하고 풀리기도 잘하

잘하며 다정한 편이다. 친구도 많으나 마음이 고르지 못하여 후할때는 한없이 후하고 인색할때는 한없이 인색하다. 남을 믿지 않고 의심하다가 도리어 손해를 보는 경우도 있다. 얼굴 빛은 희지 않고 몸은 크지 않으며 대체로 둥근편이다.

● 부모궁은 덕이 없어 유산이 없다. 혹 세업이 있다 하더라도 추풍의 낙엽처럼 다 흩날려 없앤 뒤 자수성가 해야 하는 운이요 일생을 통하여 성패가 많으리라. 그리고 부모를 일찍 여이거나 부모결을 떠나 타향에서 살게 되리라. 초년은 빈곤하고 후분은 부귀할 운이니 초년을 넘기면 의식이 풍족하고 벼슬도 하여 귀히 되리라.

● 부부궁은 도화살이 있어 이별수가 두렵고 자식은 삼형제를 두게 될 것이요 사십세에 액이 있으니 조심하라.

● 여자는 재주가 있으나 가난하고 곤액이 있는 운이요 비명의 횡액이 있으니 임산수도를 하거나 부처님께 치성하면 액을 면하리라.

조상의 근심이 있으니 시주를 많이하고 선업도 닦아야 한다. 처는 남방사람이 불길하고 서북방이 길하다. 그리고 화각살이 들었으니 항시 불조심하는걸 잊지마라 불연이면 화재수를 면치 못하리라.

● 가택 좌향은 해좌사향(亥坐巳向)·임좌병향(壬坐丙向)에 진손방(辰巽方) 출입문이 대길하다. 평생 남방이 불리하며 삼재는 인묘진(寅卯辰)년에 든다 수명은 八十상수를 누리리라.

● 전생의 빚은 五만三천관이오 금강경은 十七권인데 제삼고원 조관에게 돈을 바치게 된다. 명부에 들어가면 제사전 오관대왕앞에서 생전의 심판을 받게 되고 죄 많은자 검수지옥에 들어간다.

[丙子生] 병자년에 출생한 사람은 성품이 조급하고 경솔하여 매사에 서둘며 잘 덤비는 경향이 있고, 작은 일에는 까다롭고 인색한 편이지만 큰 일을 당해서는 아량과 용단력이 있다. 의심이 있어 남을 신용치 않는다가 좋은 기회를 놓치는 수가 많으며 판단력이 능하여 사물

에 대한 시비곡절을 잘 가리지만 성질이 일정치 못하다.

● 부모의 세업이 없고, 있더라도 적으니 자수성가 해야 한다. 겨을을 만난 초목이 봄을 기다리는 격이니 초중년까지 고생이 심하다가 말년이 되면 의식이 넉넉하고 신세 편안하리라. 대체로 일생에 성패와 우여곡절이 많다. 고향보다 타향이 좋으며, 관록운도 있으매 늦게 영귀할 수도 있으리라.

● 내외간에는 도화살로 인하여 풍상이 아니면 이별수가 있으니 예방하라 그리고 아들은 三·四형제 두어 모두 귀히 되리라.

● 여자는 곤고가 따르고 횡액수가 있으니 주의하라. 남편과도 해로하기 어려우며 자식궁에 말썽이 있으나 의식의 구애는 받지 않으리라.

● 일찍 책문을 닦었으면 국록을 먹으리라. 그렇지 아니하면 타향에 나가 풍상을 겪으리니 가사시주와 의복시주를 많이하라.

● 집 좌향은 갑자경향 묘좌유향(甲坐庚向 卯坐酉向)이 길하고 문

은 임계문(壬癸門)이라야 만사가 형통한다.

● 평생 남방이 불리하며, 인년(寅年)에 삼재가 들어 진년(辰年)에 나가는데 하늘이 내린 명은 七十八세를 누리리라.

● 전생의 진 빚은 七만 三천관이오 금강경은 二십四관으로 제九 고왕 조관에게 돈을 바치게 된다. 명부에 들어가면 제 육전 변성대왕이 심판을 맡게 되고, 생전 적악을 한 자는 독사지옥에 들어가리라.

戊子生 무자년에 출생한 사람은 성품이 어질고 쾌활하며 고상하나 인색할 때는 몹시 인색하다가도 어떤 때는 한 없이 후하게 인심을 쓰는 폐벽이 있다. 시비곡직을 잘 가리며, 큰 일을 당할지라도 당황하지 않고 침착하게 처리를 잘 한다. 의혹심이 많아서 남을 잘 믿으려 아니하다가 실패를 보는 수도 있다.

● 부모궁은 일찍 부모를 여의고 고향을 떠나 타향에서 생애하는데 그래야만 의식이 풍족하다. 세업은 비록 있더라도 없는 것과 마찬가지이

니 자수성가 하리라. 일찌기 글공부에 힘썼으면 소년등과 하여 식록이 유여할 것이나 불연이면 초년고생을 겪게 되고 중후분이 되어야 의식이 유여하리라. 몸에 화각살이 있으니 화재를 예방하고 조심하라.

● 부부간의 금슬은 무해무덕한 편이오, 자식은 四·五형제를 두어 모두 영귀하지만 다만 그 자식들이 부모와 이별수가 있어 근심이로다.

● 여자는 곤액이 따르고 횡액이 두려우니 부처님께 시주를 많이하거나 산에 들어가 지성으로 기도하면 액을 면하리라.

● 가택은 을좌신향(乙坐辛向)이나 신좌인향(申坐寅向)에다 자 행방 (子亥方)의 출입문을 내면 재걸하고, 평생 남방이 좋지 않다.

● 삼재는 인년에 들어 진년까지 머물렀다 나가는데, 수명은 七十五세가 정명이다.

● 전생의 빚은 六만 三천관이오 금강경은 二십一권이며 제六고의 운 (尹)조관에게 빚 돈을 바치며, 죽어서 저승에 가면 제二전 초강대왕앞에

|庚子生| 경자년에 태어난 사람은 확탕지옥에 들어가리라. 심판을 받게 되고 죄가 많은자는 확탕지옥에 들어가리라. 고상한 포부를 지녔으나 결단성이 적고 춘풍에 흔들거리는 버들가지처럼 유약한 것이 결점이다. 그리고 마음쓰는게 일정하지 않아서 후할때는 한없이 후하고 인색할때는 한없이 인색한 편이다. 의심이 많아서 남의 말을 들지않다가 도리어 실패하는 수 많다.

● 부모의 세업은 있더라도 지키기 어려우며, 일찍이 부모곁을 떠나서 따로 사는게 좋다. 일찍부터 학업을 닦어야만 좋으며 의식의 구애는 받지 아니하나 초년 빈궁하다가 후분에야 여유있게 살으리라. 三十一세 四十九세는 횡액이 있으니 조심하라

● 부부궁을 논지하면 도화살이 있어 부부불합하고 풍파가 많도다. 그렇지 아니하면 남자는 재취할 팔자요 여자는 화류계 생활을 하기 쉽다. 배우자는 남방은 불길하고 서북방 사람이 길하다.

● 자식은 四·五형제를 두며 모두 남에게 귀염을 받으리라. 항상 조상전에 봉제하고 천도를 하여주라. 이 공덕으로 모든 액을 소멸하고 불경책을 많이 서서 남에게 전하라.

● 여자는 빈궁곤고한 명이오 간간히 닥쳐오는 횡액도 두려우니 명산에 들어가 지성으로 기도하면 모든 액을 면하리라.

● 집은 해좌사향(亥坐巳坐) 계좌정향(癸坐丁向)에다 건유방(乾酉方)의 출입문을 내고 살면 대길하며, 평생 남방은 매사에 불길하다.

● 이 사람의 삼재는 인년에 들어 묘년을 묵고 진년을 다 지나야 나가며 천정수명은 七十八세를 누리리라.

● 전생에 진 빗은 십일만관이오 금강경은 삼십오권이며 제九고이(李)라는 조관에게 바치게 된다. 명부에 가면 제五전 염라대왕에게 심판을 받는데 죄엽이 많은자는 혀 빼는 지옥에 들어가리라.

숲구生 임자년에 태어난 사람은 성품이 쾌활하고 인자하며 후하다. 또는 두뇌가 명석하여 판단력이 능하고 매사를 과감하게 처리해나가는 용단력이 있다. 윗사람을 공경하고 아랫사람을 사랑하여 군자다운 기풍이 있으며 자비자선의 뜻도 깊다. 그러나 때로는 몹시 인색하고 때로는 한없이 후하며 큰 일을 잘 처리해나가는 기지도 있지만 남을 믿지않다가 도리어 자기의 신용을 잃어버리는 경우도 있다. 그리고 대체로 담대한 편이며 자기 일보다 남의 일을 보살펴 주기를 좋아한다.

● 부모의 유산은 없다. 혹 있더라도 지키기 어려우며 고향은 불리하니 타향에 나가 생애하는게 길하다. 四십에 이전에 액이 있어 고통을 받을 것이오 혹 부귀영화를 누리는 사람도 있으나 대개는 풍상이 중중하다. 고로 중이 되어 임산수도 하면 길하리라.

● 부부궁은 도화살이 들어서 바람을 몹시 피우지 아니하면 생이

사별하기가 쉽고, 가뭄 구설수도 따를 것이오 단명살이 비쳤으니 칠성기도를 많이하고 촛불을 많이 밝혀야 액을 면하리라. 그리고 배필을 구하는데는 남방사람이 불리하고 서북방 사람이라야 길하리라.

● 자식은 많이두고 모두 귀히되어서 동서남북에 흩어져 살게된다.
● 여자는 의식은 넉넉한 편이나 부부 금슬에 근심이 있으니 늦게 시집가거나 나이차이가 많은 남자를 만나면 평탄하리라.
● 집은 신좌인향(申坐寅向)이나 해좌사향(亥坐巳向)에다 유계방(酉癸方)으로 출입문을 내고 살면 길하며, 평생 남방은 매사에 불길하다.
● 삼재는 인(寅)년에 들어 묘년(卯)을 묵어 진(辰)년까지 머물다가 사(巳)년에 벗어난다.

● 전생에 진 빚은 七만관이오 금강경은 스물두권이며 제三고의 맹(孟)이란 조관에게 빚을 바치게 된다. 죽어서 명부에 들어가면 제九

二, 축년생 (丑年生)

축생(丑生-소띠)은 을축(乙丑) 정축(丁丑) 기축(己丑) 신축(辛丑) 계축(癸丑)의 다섯사람에게 모두 해당된다 즉 소띠이니 축년생은 전생에 두우성군이었으니 천상에서 선관(仙官)으로 있을때 상제앞에서 약그릇을 엎지른 죄로 다섯선관과 같이 인간세상에 적강하게 되었느니라.

乙丑生 을축년에 태어난 사람은 성품이 지극히 유순하고 근면정직하며 참을성이 많다. 외유내강이니 포면은 유순하나 그 실속은 강하며 여러가지 배포가 숨어있다. 때로는 불평과 탄식이 많고 때로는 편벽된 성

질도 부려서 이로 말미아마 성공길이 막히는 경우도 있다. 의식이 넉넉하지 못한 편이나 부지런히 노력하는 덕으로 의식걱정을 면하고 살게 된다. 커인성이 도우면 큰 인물이 될 수도 있으나 불연이면 신액이 많으리라.

● 부모형제의 덕은 없으니 빈손으로 성가하는 운이오 고향보다 타향이 좋으리라. 신상에 액이 많이 따르고 한때 동서분주하고 손재운이 항상 따르므로 나를 해치는 사람도 많다. 혹 과거를 하여 노비권속을 거느리고 산다 하더라도 외부내빈으로 실속이 없다. 면상에 흉이 있으면 재앙이 사라지고 공명을 얻으리라.

● 부부궁은 삼취를 거느리고 살아야 할 팔자로다. 이성관계가 복잡하니 색정으로 낭패를 당하리니 조심하라

● 자식궁은 二·三형제 격이로되 一자 종신 하리라.

● 몸에 삼악기와 이살기가 따르므로 매사에 실패가 많고 신병의

액이 많도다. 불쌍한사람들에 활인적덕을 많이하라 화액을 면할뿐 아니라 복록이 장구할 것이오 불연이면 단명을 면치 못하리라. 칠성에 치성을 극진히하고 적선을 많이하면 길하리라.

● 여자는 재취로 시집가는게 길하고 자식은 二자를 두리라.
● 가택은 정좌계향(丁坐癸向)과 병좌임향(丙坐壬向)에다 인갑문(寅甲門)을 내고 살면 대걸하고 평생 동방이 불리하다.
● 삼재는 해자축(亥子丑)년에 드는바 날삼재인 축년을 더욱 조심하라.
● 전생의 빚은 二십八만관이오 금강경은 九십四권이며 열다섯번째 창고를 맡은 전(田)이란 조관에게 바치게 된다.
● 수한은 四십세를 지나면 七십을 살을것이오 죽어서 명부에 들어가면 제四전 오관대왕(五官大王) 앞에서 심판을 받는데 죄악이 많으면 검수지옥(劒樹地獄)에 갇혀 벌을 받게 되리라.

丁丑生 정축년에 난 사람은 전생에서 천상의 두우선관 중 두번째 선관이 인간세상에 적강하였다. 타고난 성품이 유순정직하고 참을성이 많은 반면에 고집이 세다. 혁혁한 장부의 기상이로되 담력이 작은 편이며 인정이 많고 입이 무겁다. 신의를 중히 여기므로 남의 도움을 받는다.

● 운세는 표면상 평온한것처럼 보이지만 내부로는 고심이 많다. 신상의 액과 손재수가 항시 따르므로 항상 분주하여야 의식을 얻게 되고 나를 해치는 사람이 많으니 주의하라. 또는 몸에 두살커가 있어서 매사에 장애가 많으며 운무중에 가리운 일월(日月)처럼 빛이 없고 답답하다. 만약 천을귀인이나 삼태성이 비치면 비록 몸은 고닯으더라도 의록이 넉넉하다. 그렇지 아니하면 고생이 우마(牛馬)와 같으리라. 외부내빈한 격이니 모든 액을 면하려면 칠성기도를 많이하라. 열 사람을 구하려다가 한 사람도 못 구하면 그 공이 애석하다.

● 부모의 덕이 없으니 타향으로 나가 자수성가 할 팔자요 부부간에는 흠이 없으나 이성에 마음이 잘 흔들리므로 색정에 빠져 실수 있으리니 조심하라. 자식은 二·三형제 운인데 한결같이 코에 병이 있고, 부모와 별거하여야 한다. 항상 착한 마음으로 불쌍한 사람을 구제하여야 자손의 영화 있으리라.

● 가택은 간좌곤향(艮坐坤向)이나 사좌해향(巳坐亥向)을 놓아야 길하고 출입문은 축방(丑方)이나 미방(未方)으로 내야 길하다.

● 삼재는 해자축(亥子丑) 삼년인바 해년에 들어 축년까지 삼재요 인년에 벗어난다.

● 전생의 빗은 四만 三천관이오 금강경은 九십四권이며 열다섯번째 창고를 맡은 전(田)이란 조관에게 바치게 된다.

● 하늘이 내린 명은 능히 八십을 누릴것이오 죽어 명부에 들어가면 제육전 변성대왕에게 심판을 받을것이오 적은 죄라도 많

|己丑生| 기축년에 탄생한 사람은 두우성군이니 천상에서 월궁의 선녀로 있다가 상제에게 벌을 받고 인간으로 탄생하였다. 이 지운자는 독사지옥에 갇혀 고초를 받으리라.

● 성품은 유순하고 정직하다. 비교적 재주가 있고 남에게 굽히기 싫어하고, 내성적이고 우울하고 꽁한 성질도 있어 한번 노하면 잘 풀리지 아니한다. 그리고 고집을 굽히거나 지기 싫어하기 때문에 이로 인하여 사람을 잘 사귀지 못한다. 대담한 것 같으나 실상은 담이 작고 편벽된 성질을 써서 큰 성공은 기대하기 어렵다. 그러나 모험은 싫어하고 비교적 안전성 있는 일만을 가려 꾸준히 노력하므로 매사에 실패하는 일이 적다.

● 운세는 평평한 편이니 평생 의식은 구족하겠으나 남녀를 막론하고 곤액이 많다. 사주에 살이 범해서 무슨 일이든지 먼저 고통을 겪고 난 뒤에야 이루어진다. 초·중년에는 풍상이 많으나 장차 길성이

비쳐오므로 말년에는 부귀영화를 얻어 태평하리라.

● 부모형제의 덕이 없을것이오 타향에 나가 부지런히 노력한 덕으로 자수성가 할 팔자로다. 부부간에는 이별수가 있으니 관세음보살께 기도를 많이하라 그리하면 부부가 해로할 것이오 또는 적선공덕을 많이 닦으면 四십세에 횡액을 면하리라.

● 집 좌향은 사좌해향(巳坐亥向) 및 간좌곤향(艮坐坤向)이 대길하고 출입문은 간진방(艮辰方)에 내어야 만사형통하리라.

● 삼재는 항시 해자축년(亥子丑)년에 드는바 즉 해년에 삼재가 들어 자축년까지 삼년을 머물다가 인년(寅年)에 나가며 평생 동방이 불리하다.

● 전생에 진 빚은 八만관이오 금강경은 二십五권이며 제삼고의 최(崔)라는 조관에게 빚을 갚게 된다. 수한은 四십을 무사히 지내면 八十까지 살을 것이오 죽어서 명부에 들어가면 제이전 초강대왕

앞에 가서 심판을 받으며 죄가 많은자면 확탕지옥에 들어가리라.

辛丑生 신축년에 난 사람은 전생에 천상선녀로서 두우성군의 직명을 띠고 있을때 상제에게 죄를 짓고 여덟선관과 더불어 인간세상에 태어났느니라.

● 성품은 인자하고 유순하고 정직하며 참을성이 많으나 한번 성을 내면 잘 풀어지지 아니한다. 대담한 듯도 하나 사실상 담소하고 끈기가 있어 실패는 자주 없다. 그리고 편벽된 성질을 써서 큰 성공을 기대하기 어렵고, 남을 잘 믿으려 아니하고 의혹심이 많아서 항상 우울하게 세월을 보낸다.

● 운세는 고향보다 타향이 좋으며 초분에 곤고가 있으나 중분부터는 차츰 운이 열리리라. 재운은 좋으나 손재수가 따르며, 이살귀(二殺鬼)가 있어 항상 일을 방해하므로 실패가 많도다. 그리고 신상에 액이 있어 항상 분주하며 아무리 노력하여도 공이 적다. 몸이

나면상에 흉이 있으면 벼슬에 올라 출세할 것이오 만일 입산수도하여 만인을 제도하면 이름을 크게 떨치리라. 불연이면 독수공방하며 허송세월하기 쉽도다. 신고함을 탄식마라 말년에는 반드시 경사가 있고 태평히 지나리라.

● 부모궁은 무덕하니 부모의 덕을 바라지도 말고 맨손들고 노력해서 재산을 일으켜야 한다. 처궁은 불길하니 三처를 거느릴팔자요 여자도 일부종사 하기 어려우리라. 자궁은 슬하에 三·四자를 거느리지만 一자종신할 운이로다. 항상 착한 마음으로 적덕을 많이하라 그리하면 자신은 물론이오 그 공덕이 처자에게 미치리라.

● 평생의 가택은 간좌곤향(艮坐坤向) 및 미좌축향(未坐丑向)에 진건방(辰乾方)의 출입문이 대길하고, 평생 동방운 무슨 일을 막론하고 좋지 않다.

● 삼재는 매양 해자축(亥子丑) 삼년인바 즉 해년부터 자년 축

년까지 삼년간 삼재가 들다가 인년(寅年)에 벗어난다.

● 전생에 진 빚은 십일만관이오 금강경은 삼십육권이며, 제십팔고를 맡은 길(吉)이란 조관에게 빚돈을 바친다.

● 수한은 八십이 정명인데 죽으면 제五전 염라대왕에게 심판을 받고 죄업이 많은자는 발설지옥(拔舌地獄)에 들어가리라.

癸丑生 계축년에 출생한 사람은 천상의 선관으로 그 이름은 두우성군이니 상제의 약그릇을 엎지른 죄로 다섯선관과 같이 인간세상에 적강하게 되었느니라.

● 성품은 유순하고 정직하며 인내력이 많다. 또는 강격한 면도 있어 남에게 굴피지 아니하며 용기가 있다. 자기가 행한 일을 연구하고 반성하는 버릇이 있어서 잘못을 깨달으면 즉시 이를 시정하는 슬기가 있다. 때로는 불평도 잘하고 탄식하는 버릇도 있으며 한번 성이 나면 잘 풀어지지 아니하고, 편벽된 성질로 인하여 좋은 기

회를 놓쳐서 성공을 못하게 되는 경우도 많다.

● 초년의 고생은 어쩔 수 없는 일이오 중분부터 운이 열려 자수성가 하리라. 무슨 일이든지 속히 이루어지는게 아니라 부지런히 많은 노력을 드린 뒤에라야 성취한다. 신상에 액살이 침범하여 일시적으로 분주불안하고, 또는 악귀가 침입하였으니 매사에 장애가 많고 간간히 신병도 있으리라. 혹 벼슬하여 천세와 재물을 얻는다할지라 오래가지 아니하나 얼굴 혹은 수족에 흉터가 있으면 부귀공명을 누리게 될 것이오 흉이 없으면 불리하리라.

● 부모궁은 세업이 없고, 형제간에도 정이 없고 덕도 없으니 부모형제의 곁을 멀리 떠나서 살 팔자로다. 처궁은 양처를 거느리기 쉽고 여자는 재취할 운이로다. 남녀를 막론하고 배우자는 동방에서 구하지마라. 자식궁은 三·四형제를 둘지라도 그 중 종신자식은 하나뿐이니 운이라 어이하리오. 입산수도 하였으면 부부궁과 자식궁이 길하리라 그렇

지 아니하면 비록 고루거각에서 산해진미를 먹고 산다해도 가슴속에 맺인 근심은 항시 떠나지 않으리라. 불전에 치성하고 인간적덕을 많이 하라 불연이면 복을 덜고 명(命)을 감하리라.

● 이 사람의 사는 집은 건좌손향(乾坐巽向)과 유좌묘향(酉坐卯向)에 자계문(子癸門)이 대길하며 평생 동방이 불길하다.

● 삼재는 언제나 해(亥)년에 들어 자(子)년 축(丑)년 삼년간 머물다가 인(寅)년에 벗어난다.

● 전생에 진 빚은 七만七천관이오 금강경은 열권이며, 제八고의습(쪽)이란 조관에게 빚돈을 바치게 된다.

● 수명은 능히 八십장수를 누릴것이오 죽으면 제九전 도시대왕앞에 가서 심판을 받으며 적악한자는 철상지옥에 들어가리라.

三, 인년생 (寅年生)

인생(寅生)은 범띠를 말하는데 즉 병인(丙寅)·무인(戊寅)·경인(庚寅)·임인(壬寅)·갑인생(甲寅生)이 모두 범띠에 해당된다. 인년(寅年)에 태어난 사람은 전생에 제석천황의 신하로 있던 인하성군이니 다섯 선관과 더불어, 동산에서 꽃을 꺾고 춤을 추며 놀다가 상제의 문책을 받고 인간세상에 적강하게 되었느니라.

丙寅生 병인년에 난 사람은 전생의 인하성군 중 첫째 선관으로서 상제께 득죄하고 인간으로 환생하였는데 전생의 빚은 八만관이오 금강경은 二십六권이니 열번째 창고를 맡은 마(馬)라는 조관에게 빚을 바쳐야 한다.

● 성품은 급하고 경솔해서 무슨 일이건 덥비는 편이 많다. 그러나 활발하고 강직하여 남에게 절대 지려하지 않으며 또 의협심이 많아서 마음만 내키면 이해관계를 돌아보지 않고 도와주기를 잘 하기때문에 이로인하여 무단히 손해를 보는 경우가 많다. 그리고 구변이 좋고 풍채가

당당하여 관덕과 식록이 있으며 위인이 공평하여 모든 일에 윗사람노릇을 할 수 있다.

● 운세는 의식이 풍족할 것이오 공명을 얻으려면 분주히 노력해야 한다. 고향보다 타향에 옮겨살아야 발전성이 좋을것이오 초년에는 걸하나 二십후 三십전에 액이 있도다. 그리고 四십을 전후하여 신수가 불길하니 칠성기도를 많이하여야 액을 면한다.

● 부모의 유산은 비록 있더라도 지키기 어려울 것이오 두 부모를 섬길 팔자이니 양부모를 섬겨야 길하다. 친 부모보다 양부모의 덕이 많으며 자수성가 할 팔자로다. 부부지간에는 여러번 풍파를 겪지 아니하면 싸움이 잦고 불연이면 이별수가 있으리라. 자궁의 수는 四·五형제로되 살이 침범하였으니 자손의 근심이 많다. 서쪽 방향에 있는 절에 가서 불공을 구진히하면 길하리라.

● 집 좌향은 갑좌경향(甲坐庚向)이나 을좌신향(乙坐辛向)이 길

하고 출입문은 손해방(巽亥方)이라야 만사형통하며 평생 북방은 무슨 일을 막론하고 불리하리라.

● 삼재(三災)는 신(申)년에 들어 유년(酉年) 술(戌)년까지 삼년간 머물다가 해(亥)년에 벗어난다.

● 수명은 오십세를 넘겨야 칠십을 살을것이오 죽어서 명부에 들어가면 제四전 오관대왕(五官大王) 앞에 가서 심판을 받는데 생전에 죄업이 많았으면 검수지옥(劍樹地獄)에 갇혀 고초를 받으리라.

戊寅生 무인년에 난 사람은 전생에 임하성군으로서 제석천왕의 명을 받들어 육위선관과 같이 청유리 세계에서 화초를 절단하고 옥경에서 유희하다가 상제의 명으로 인간세상에 태어났다. 전생의 빛은 六만관이오 금강경은 二십천인데 제십일편의 곽(郭)이란 조관에게 바치게 된다.

● 성품은 불같이 급하나 쉽게 풀어진다. 비교적 유순하고 정직하며,

정의를 숭상하고 겸손하다. 그러나 남에게 굽히기를 싫어하고 시비곡직을 분명히 하며 의협심이 많아서 남을 도울 일이 있으면 수하를 막론하고 돕는 일에 열중한다. 고로 이로 인하여 손해를 자주 보고 심한 경우에는 낭패도 크게 당하지만 후회는 아니한다. 언변도 좋고 풍채도 좋으며 따라서 식복도 있는 편이다.

● 운세는 자수성가 할 팔자라. 천천성이라는 별이 조림하여 관록을 얻어 권세를 누리리라. 초년은 평평한 운이요 중년에 이르면 재산이 부쩍 늘어 쓰고 남음이 있고 날이 갈수록 집안이 부유해진다. 말년의 지위는 삼공(三公)이 부럽지 않으리라 그러나 四십세 전후에 신운이 매우 불길할 것이니 불상을 조성하거나 불경을 많이 만들어서 세상사람들에게 권하면 좋을 것이오 불연이면 곤고를 면치 못하리라.

● 집안은 좋은 가문의 출신이나 부모의 덕이 별로 없다. 부부궁은 불리하니 만일 이별수가 아니면 금슬이 불화하여 집을 나가 동서 남북

을 다 돌아다녀도 마음붙일 곳이 없다. 자식궁은 아들 딸 각 하나씩을 두는데 자식을 남에게 양자로 남의 앞으로 이름을 걸어주면 길할 것이오 또는 불전에 치성하면 액이 없으리라.

● 집 좌향은 오좌자향(午坐子向) 혹은 미좌축향(未坐丑向)이 길하고 출입문은 간곤문(艮坤門)으로 내어야 만사형통하리라. 평생 북방은 불리하다.

● 삼재는 언제나 신유술(申酉戌) 삼년간에 들고 해년(亥年)에 나간다.

● 수한은 七십一세를 누릴것이오 죽어서 명부에 들어가면 제六전 변성대왕에게 심판을 받는데 적악을 많이한자는 독사지옥에 들어가리라

庚寅生 경인년에 출생한자는 전생에 제석천왕의 제자인 인하성군으로서 천상의 꽃동산에서 놀다가 꽃가지를 꺾은 죄로 인간세상에 태어나게 되었느니라. 전생의 빗은 五만一천관이오 금강경은 二십八권이며 제십五고의 모(毛)라는 조판에게 빗을 바치게 된다.

● 성품은 남녀간에 급하고 활발하며 강강하고 곧다. 남에게 굽히거나 지기를 싫어하는 성격이오 의협심과 인정이 많아서 남의 곤경을 보면 물불을 가리지않고 돌봐주니 이로 인하여 자신은 막대한 손해를 입게되는 예가 한두번이 아니다. 언변에 능한데다 골격풍채도 늠름하여 일찍 학문에 힘쓴다면 관록을 먹을것이오 그렇지 아니하고 상업에 힘쓴다면 재물을 크게 모이리라.

● 운세는 화창한 봄날에 한쌍의 봉황이 노니는 격이니 호화롭고 편안히 일생을 지낼 운명이로다. 귀인성이 비쳐 일생 도와주는 사람이 많으나 심중에 남이 모르는 고민이 있으리라. 유산을 받기보다는 자수성가 할 운이오 천성이 들었으므로 관록을 먹거나 그렇지 아니하면 어떤 곳에서나 두목노릇 하게 된다. 항시 동서에 왕래하니 한가한 때가 적고 남보기는 좋아보이나 내적으로는 고통이 있는 사람이다. 二십세와 三십세운에 신수가 불길하고 액이 있도다. 조상이 자주 현몽하리라. 관

문에 출입하게 되면 四십을 넘긴뒤에라야 왕운이 차츰 돌아와서 뜻을 이루리라.

● 부모궁은 외부모를 섬기지 아니하면 두 어머니를 섬기게 되리라. 부모의 덕이 없음을 탄식마라. 자수성가할 운이니 부지런히 노력하면 크게 성공하리라. 부부궁은 이별수는 없으나 부부간에 뜻이 맞지않을 것이오 자식궁은 四·五형제 운이로되 액살이 있어 고향을 떠나가 뿔뿔히 흩어져 살게 되리라. 처자궁을 위하여 칠성기도를 많이하고 의복시주를 많이하라 불연이면 양자갈 팔자로다. 항상 선한 마음으로 본심을 지키며 살아가면 재앙이 이르지 아니하리라.

● 평생의 집은 해좌사향(亥坐巳向) 및 자좌오향(子坐午向)에다 묘유방(卯酉方)으로 출입문을 내고 살아야 대길하며 평생 북방이 불길하도다.

● 삼재는 신유술(申酉戌) 삼년간 머물다가 해년이 되면 나간다.
● 하늘이 내린 명은 얼마인고 오십을 무사히 넘기면 칠십오세까지 누릴것이오 죽어서 명부에 들어가면 제二전 초광대왕이 심판을 맡게 되며 잘못과 죄가 많은자는 확탕지옥에 들어가리라.

壬寅生 임인년에 출생한 사람은 제석천왕을 섬기던 인하성군 이었는데 어느날 여섯선관과 더불어 옥경의 청유리세계에서 유희할때 화초를 절단한 잘못으로 인간세상으로 쫓겨났느니라. 전생의 빚은 九만六천관이오 금강경은 二십二권인데 제십三고의 최(崔)라는 조관에게 빚을 바치게 된다.

● 성품은 급하고 총명하고 활발하고 강직하다. 두뇌가 명민한데다 뱃장이 세고 언변도 출중하며 남에게 굽히거나 지기를 싫어한다. 그러나 자비자선의 뜻이 깊고, 윗사람을 공경하고 아랫사람을 사랑하는 군자다운 풍모가 있으며 또는 의협심이 많아서 남을 도와주

고자하면 자기가 손해되는 줄을 알면서도 물불을 가리지 않고 끝까지 잘 보아준다. 때문에 이로인하여 실패를 당하는 경우도 있다.

● 운세는 좋은편이다. 고로 비록 도와주는 사람이 없을지라도 빈곤할 걱정은 없다. 명에 권성이 들었으니 판록운이 있고 의식도 넉넉하다. 그러나 남을 의지하지 말고 몸소 분주히 노력한 뒤에야 공명을 성취해서 커지되리라. 일생에 마음이 우울할 때가 많으나 아는이가 없다. 이십과 삼십운은 신운이 좋지못하다. 조상을 잘 천도하여 주면 만사형통할 것이오 초년보다는 四십후라야 더욱 부귀하리라.

● 부모의 덕은 없고 양자로 가면 좋은 팔자라. 부부간에는 이별수는 없으나 금슬이 불화하여 항시 가정에 파란이 많으면 자식궁은 四.五형운이로되 액살이 끼어 근심있는 자녀가 있으리라. 칠성기도를 많이하고 장등시주와 가사시주를 많이하라 적악을 아니하고

선심적덕 하면 선신의 도움으로 벼슬과 재물을 지키게 될 것이오 불연이면 곤고가 많으리라.
● 가택궁은 해좌사향(亥坐巳向) 및 자좌오향(子坐午向)에다 신건문(申乾門)을 내고 살면 모든 경사가 이를것이오 평생 북방이 불리하도다.
● 삼재는 신유술(申酉戌) 삼년마다 들어 해년에 나간다.
● 수명은 五십을 넘겨야 七십五세까지 누릴것이오 죽어서 명부에 들어가면 제五전 염라대왕에게 매여 심판을 받는데 불선불인하였으면 발설지옥을 벗어나지 못하리라.

甲寅生 갑인년에 출생한 사람은 전생에 제석천왕을 섬기던 육위선관인 인하성군이었는데 옥경의 청유리세계에서 유희하다가 상제가 아끼던 꽃을 꺾은 죄로 벌을 받아 인간세상에 쫓겨나게 되었느니라. 전생의 빗은 三만三천관이오 금강경은 열 한권이며, 제

십三고의 두(柱)라는 조관에게 빚돈을 바치게 된다.

● 성품은 팔하기가 불같으나 봄눈녹듯 쉽게 풀릴것이오 활발하고 강직하다. 언변이 능하고 풍채가 좋아서 뭇 사람들의 존경을 받을 것이오 다정하고 의협심이 강하여 남의 어려움을 구해주기도 잘한다. 한편으로 지극히 경솔한 면도 있으나 용감하고 정직하고 통솔력이 있어 여러사람의 두목이 되기에 충분하다.

● 운세는 관록과 재물이 모두 따른다. 부지런히 학문을 닦는다면 일찍 벼슬을 하여 높은 권세를 누릴것이오 의식도 풍족하리라. 二십三세 에액이 있고 四십 전후에는 신수가 불길하다. 초년보다 중분 이후가 신세 태평하고 말년에는 벼슬이 올라 삼공(三公)이 부럽지 않으리라.

● 부모의 유산은 받기 어려우니 자수성가 할 팔자오 취중에는 살이 있어 간간히 분란이 일어나리라. 여자는 한때 풍파가 있으나 늦게는 남편의 덕을 본다. 항상 남편의 천세를 믿고 남을 해하거나 업 신여기는 남편의

신여기지 마라. 그 액을 받으리라. 자식은 六·七형제라도 낳을 수 있으나 살이 있어 실패가 많다. 지성으로 칠성을 위하고 장등시주를 많이 하였으면 대길하리라.

● 이 사람의 집 좌향은 병좌임향(丙坐壬向)과 오좌자향(午坐子向)에다 간곤방(艮坤方)으로 출입문을 내고 살면 모든 재앙이 이르지 않을것이오 평생 북방이 불길하다.

● 삼재는 항시 신년(申年)부터 들어 유년(酉年) 술년(戌年)까지 삼년간 겪다가 해년(亥年)에 벗어난다.

● 수명은 사십이세가 액년인바 이때를 넘기면 칠십이세까지 살을 것이오 죽어서 명부에 들어가면 제구전 도시대왕(都市大王) 앞에 가서 살아생전의 심판을 받게 되는데 선심공덕을 많이한 사람은 극락으로 보내주거나 인도환생시켜 부귀영화를 누리도록 해 주려니와 불연하고 부귀친세를 남용하여 적악을 많이 하였으면 철상지

四, 묘 년 생 (卯年生)

묘년생이란 정묘(丁卯)·기묘(己卯)·신묘(辛卯)·계묘(癸卯)·을묘(乙卯)생이니 모두 토끼띠에 속한다. 이 토끼띠 즉 묘생은 원래 전생에서는 천상의 옥토성군(玉兔星君)이라 부르는 선관으로써 운석국에 살았는데 하루는 옥경(玉京)에 있는 도원에 들어가 도화(桃花)를 꺾은 죄로 십이선관과 같이 인간세상으로 쫓겨나게 되었느니라.

丁卯生 정묘생은 전생의 옥토성군이니 옥경의 도화를 꺾고 상제의 벌을 받아 인간으로 적강하였다. 전생의 빚은 二만三천관이오 금강경은 아홉권인데 제십일고의 허(許)라는 조판에게 빚을 바친다.

● 성품은 유순하고 너그럽고 인정과 신의가 있는데다 지혜롭고 장부의 기상을 갖추었으니 인망이 높다. 그러나 부지런하지 못한 편이어서 매사에 유시무종(有始無終)하기가 일쑤여서 성공보다 실패수가 많다. 결단력이 결핍되고, 번화롭고 사치스러운 것을 탐하여 낭비가 심하고, 색정을 탐하다가 재물과 귀중한 세월만 허송하기 쉬우리라.

● 초년의 재물은 한강에 돌 던지는 것과 같고 신상의 곤액도 따른다. 방해살이 항시 몸에 따라다니므로 뜻대로 되는 일이 적으나 재주와 피가 많으므로 임기응원을 잘해나간다. 초년 곤고하나 후분에 길하니 끊임없이 노력하면 높은 뜻을 이루고 재물도 족족하리라.

● 부모중은 덕이 없으니 일찍 부모와 이별하기 쉽고 형제간에도 정이 없어서 동서로 각각 흩어져살게 되리라. 부궁은 도화살이 비쳐 이별하지 아니하면 두 집 살림을 하는 운이로다. 자식궁은 삼사형제 운이로되 실패하기 쉽고 혹 후처소생으로 종신하기 쉽다

선심으로 적선하고 산신기도와 헐벗은자에게 의복시주를 많이하면 길하리라.

● 사는 집 좌향은 인좌신향(寅坐申向) 및 을좌신향(乙坐辛向)이라야 길하고 자계문(子癸門)을 내고 살면 가택이 흥왕할 것이오 평생 서방(西方)이 불길하다.

● 삼재는 사(巳)년에 들어 오미(午未)년까지 삼년을 겪다가 신(申)년에 벗어난다.

● 수한은 칠십이 액년이오 이때를 넘기면 구십까지 장수한다. 죽어서 명부에 들어가면 제사전 오관대왕에게 심판을 받는데 불의 행사를 많이 저지른자는 검수지옥에 갇히리라.

己卯生 기묘생은 전생에 은석국의 옥토성군이니 천상의 옥경에서 도화를 꺾은 죄로 열두선관과 같이 인간세상에 떠어났다. 전생의 빚은 八만관이오 금강경은 스물다섯권인데 제二十六고의 송(宋)

이라는 조관에게 빚을 바친다.

● 성품은 온화하고 너그러우나 결단성이 적고 참을성이 부족하다. 비교적 재주가 있고 지혜로우나 사치를 좋아하여 방탕하기 쉽고 특히 여색을 탐하여 대수롭지 않은 일에도 질투와 시기를 잘하고 심지어는 언쟁시비까지 초래하는 경우도 있다. 그리고 또 의지가 박약하여 끝까지 견뎌나가지 못하므로 경영지사가 유시무종이 되어 실패하는 예도 많다.

● 운세는 초년풍상이 많다. 고로 가진 재물은 한강에 돌던지기니 가산을 한번 탕진하리라. 초년의 곤고를 탄식마라. 중말년에 들어서면서부터 사방의 재물을 모아 태평하게 지내리라. 헛된 욕심을 버리고 여색을 삼가하라. 선빈후부할 팔자이니 초분의 고생을 이기지 못하면 뒷날의 영화를 기약하기 어려우리라.

● 부모와의 정이 멀고 세업도 없으니 자수성가 할 팔자로다.

처궁에는 악원귀가 따르므로 일부종사하기 어려울 것이오 자궁은 三·四형제이나 실패수가 많고 후처소생 一자가 종살이 있으니 몸 좌편에 흉터가 있으면 처자의 액을 면할 것이오 그렇지 아니하면 조왕전에 치성하고 인간구제를 많이 하라. 또는 산신기도를 자주하면 의외의 횡재수 있고 재수도 좋으리라.

● 이 사람의 가택은 정좌계향(丁坐癸向) 및 사좌해향(巳坐亥向)에다 손갑문(巽甲門)이 길하고 평생 서방이 불길하다.

● 삼재는 언제나 사오미(巳午未) 삼년에 들고 신(申)년에 나간다.

● 수명은 五십八세를 넘기면 八십九세를 누릴것이오 죽어서 명부에 들어가면 제六전 변성대왕에게 심판을 받는데 살아서 죄악을 많이 저질른자는 독사지옥에 들어가 고초를 받으리라.

辛卯生 신묘년에 출생한 사람은 전생에 옥도성군으로 천상에 죄를 짓고 인간세상에 적강하였느니라. 전생의 빚은 八만관이오

금강경은 二十六권이며 제 四十五고의 장(張)조관에게 빗을 바친다.

● 성품은 급하나 쉽게 풀리며 때로는 강하고 부드럽다. 인내력과 결단성이 부족하나 남을 함부로 믿지 않는 성질이어서 돌다리도 두두려보고 건느는 조심성이 있다. 하지만 뱃장이 약하고 적극성이 부족하여 좋은 기회를 곧잘 놓쳐버리는 폐단이 많다. 그리고 사치와 오락을 좋아하여 여색에 빠지거나 방탕에 흘러 돈을 물쓰듯 한다. 남녀를 막론하고 용모가 아름답고 맵시가 있다.

● 부모의 세업은 전혀없으니 빈손으로 재산을 모아야 한다. 초년의 재물은 밑빠진 독에 물을 붓는 격이어서 아무리 벌어도 모아지지 아니한다. 초년의 곤고를 탄식마라 중년이 지나야 가세가 족족하다. 三十二와 四十三, 四十九세에 질병이 아니면 관액수가 있으리니 조심하라. 몸에 원귀가 붙어 다니므로 일에 방해가 있고 마음이 항상 산란하다. 뜻은 높으나 몸은 천한데 있으니 마음이 답답하다. 명산에

기도하고 육해살을 풀어주라. 무슨 일이든지 쾌하는바가 이루어질 것이오 초년 고생한 뒤 후분은 반드시 태평하리라.

● 부부궁은 남녀를 막론하고 늦게 혼인하거나 재취를 하라 물연이면 이별수와 공방수 있고 금슬도 좋지 못하리라. 자식은 二자 격이로되 공드린 일이 없으면 후취의 몸에서 자식을 얻는다. 적악을 말고 선심공덕을 많이하고 또 가사시주를 많이하라. 그리하면 집안에 경사가 면면하고 자손도 영귀하리라.

● 가택은 어떠한 집에서 살아야 좋은가, 계좌정향(癸坐丁向)이나 해좌사향(亥坐巳向) 집에 갑정방(甲丁)방으로 문을 내고 살면 매사에 순조롭다. 평생 서방이 물길하며, 삼재는 사(巳)년에 들기 사작하여 오미(午未)년까지 삼년간 머물다가 신년에 나간다.

● 수명은 七十을 넘기면 八十七세까지 누릴것이오 죽어서 명부에 들어가면 제二전 초광대왕 앞에 가서 심판을 받는데 선심적덕

한 공이 없으면 확탕지옥(獲湯地獄)에 떨어지리라.

癸卯生 계묘년에 태어난 사람은 전생에 천상의 운석국에 속한 옥토성군으로서 옥경 도원에 들어가 도화를 꺾은 죄로 십이선관과 같이 인간세상으로 나오게 되었느니라. 전생의 빚은 일만이천권이오 금강경은 八권인데 제二十고의 왕(王)조관에게 빚을 바친다.

● 성품은 유순하고 사고력이 풍부하며 인내심이 있다. 그러나 급할때는 물불을 가리지 않지만 곧 풀어지는 성질이다. 반성하고 고치는 슬기가 있으므로 잘못을 깨달으면 즉시 이를 시정한다. 고로 남에게 인망을 받는다. 또는 지혜도 많으나 자기의 마음에 맞지 않으면 비록 몸을 버리고 손해가 이르는 경우가 있을지라도 뜻을 굽히려 아니한다. 사치를 좋아하고 여색을 즐기며 자칫 방탕한 생활에 빠지기 쉽다.

● 부모궁은 이별 수가 있으니 일찍 부모를 이별하지 않으면 자신

이 부모슬하를 멀리 떠나 살게되며 형제간에도 정이 없어서 사방으로 흩어져 살게 되리라. 부모의 세업은 바랄 수가 없으니 자신이 빈손들고 일어서서 부지런히 노력해야 한다. 처음은 고생하나 중분을 지나야 태평한 운이니 초년의 재물은 한강에 돌던지기로다. 二十五세와 三十七세 그리고 四十九세는 액이 있으니 조심하라.

● 부부궁은 초년풍파가 있도다. 자궁은 三·四형제 격이로되 실패수가 있다. 후처소생 一자가 종신하리라. 몸에 흉이 있을 것이고 해마다 조왕제를 지내고 칠성에 기도하라. 불연이면 몸에 따라다니며 재앙을 일으키는 악원귀를 떼지 못하리라. 사주가운데 귀인성이 들었으면 재액을 면하고 집안이 태평하리라. 만약 해마다 정성을 드리지 않으면 비록 재물이 생길지라도 한강에 돌던지기와 같으리라.

● 집은 계좌정향(癸坐丁向) 및 해좌사향(亥坐巳向)에다 신계

문(후癸門)을 내고 살면 재물과 인정이 왕찰것이오 평생 서방이 불리하도다. 삼재는 사(巳)년부터 오미(午未)년까지 三년간 머물다가 신(申)년 正월에 나간다.

● 하늘이 내린 수한은 七十三세까지 살을것이오 죽어서 명부에 들어가면 제오전 염라대왕(閻羅大王) 앞으로 가는데 죄악을 많이 범한자는 발설지옥에 갇히리라.

乙卯生 을 묘년에 출생한 사람은 전생에 천상에 있는 운석국에 살던 옥도성군인데 옥경의 도원에 들어가 도화를 꺾은 죄로 인간세상에 떠어났다. 전생의 빗은 八만관이오 금강경은 二十六권이며 제 十八고의 유(柳)라는 조관에게 빗을 바치게 된다.

● 성품은 유순하고 너그러우며 인정이 많고 신의가 있다. 비록 급하나 잘 풀어지고 지혜롭고 계교가 능하지만 인내력이 부족하고 결단성이 없으며 사치와 여색을 좋아하니 이로인하여 매사

에 손만 대 놓고 마무리를 못하여 실패가 많다.

● 부모궁은 조실부모할 운이오 세업도 전혀없으며 형제간에도 정이 없어서 사방으로 흩어져 살 팔자로다. 초년은 불리하니 재물을 벌어도 한강투석이오 고생도 많으나 중년부터 자수성가 하여 차츰 생활이 안정되리라. 몸에 흉터가 있으며 지혜와 계교가 많으므로 피로서 성가 하되 자신이 분주하게 노력하여야 의식이 풍족하리라.

● 부부궁은 여원귀가 있어 부부간의 금슬을 방해하고 심한 경우는 이별수도 있도다. 자궁은 四·五형제 운이로되 일찍 둔 아들은 기르기 어렵다. 선심적덕 많이하고 불전치성에 장등시주를 많이 할 것이며 몸에 따라다니는 여원귀를 잘 천도해 주어야 육종살이 풀어지고 횡액을 면할것이오 불여이면 일마다 실패가 따르고 재앙이 떠나지 않으리라.

● 가택궁은 사좌해향(巳坐亥向) 및 해좌사향(亥坐巳向)에다 갑을방(甲乙方)의 출입문이 대길하며 평생 서방이 불길하다. 그리고 삼재는 항상 사(巳)년부터 오미(午未)년까지 삼년간 머물다가 신(申)년에 벗어난다.

● 수한은 九十장수를 누릴것이오 죽어서 명부에 들어가면 제九전 도시대왕(都市大王)앞에가서 심판을 받는데 생전에 악행 종사 하였으면 철상지옥(鐵床地獄)에 들어가리라.

五、진년생(辰年生)

진년생이란 무진(戊辰)、경진(庚辰)、임진(壬辰)、갑진(甲辰)、병진(丙辰)생이니 모두 용띠에 속한다. 이 진년에 출생한 사람은 전생에서는 용왕국에서 용궁성군(龍宮星君)의 신분으로 있었는데 상제의 명을 받들어 재석궁에서 비를 얻어다가 열두나라 땅 초목에 물을 주는데 그만 실수하여 화초밭 언덕을 무너뜨린 죄로 다섯 성군과 더불어 인간세상에 적강하게 되었느니라.

戊辰生 무진년에 출생한 사람은 전생에서 용왕국 벼슬아치로서 상제의 명으로 옥경의 화초밭에 물을 주다가 동산을 무너뜨린 죄로 인간세상으로 쫓겨났다. 전생의 빗은 五만二천관이오 금강경은 十八권인데 제十四고의 풍(諷)이란 조관에게 빗을 바친다.

●성품은 거칠고 사나우며 자존심이 강하고 강건하여 남에게 굽히기를 싫어한다. 마음이 바다와 같이 크고 넓으며 변화무궁한 재주가 능수능란하다. 지혜가 총명하여 하나를 들으면 열가지를 알지만 자기의 재주만 믿고 남을 속이려다가 도리어 속는 수가 있다.

●부모형제는 정도 없고 덕도 없다. 초년에 벼슬하여 이름을 사

방에 날리나 한때 풍상도 겪으리라. 四十을 넘으면 한차례의 곤경이 있으나 삼길성(三吉星)이 비쳐 만사여의하리라. 평생을 통하여 구설수와 흉액이 간간히 있으리니 매사를 주의해야 한다. 일찍학문에 전공하였으면 관문에 출입하여 부귀를 누리지만 불연이면 봉황이 닭 우리에 거하는 격이어서 신세곤궁하리라. 그리고 몸에 두원귀가 따라다니므로 두 세번 중병을 앓게 된다. 칠성기도 많이 하고 경전(經典)시주를 널리하라 모든 액을 면하리라.

● 부부궁은 이별수가 아니면 재취할 운이오 자궁은 二·三형제 중 一자는 영귀하고 一자는 부모의 근심을 끼치리라.

● 평생의 가택은 간좌곤향(艮坐坤向) 및 오좌자향(午坐子向)을 놓고 곤진문(坤辰門)을 내면 길하고, 언제나 남방은 불리하다. 삼재는 인(寅)년에 들어 묘진(卯辰)까지 삼년간 겪다가 사(巳)년에 벗어난다.

●수한은 七十五세가 정명이오 죽어서 명부에 들어가면 제사전 오관대왕에게 심판을 받는데 만일 죄인이면 검수지옥에 들어가리라.

庚辰生 경진년에 출생한 사람은 전생에 용군성군으로써 상제의 명을 받고 초목에 비를 내리다가 산을 무너뜨린 죄로 인간세상에 태어났느니라. 전생의 빗은 五만七천관이오 금강경은 九十二권 인데 제二十四고의 유(劉)라는 조관에게 빗을 바치게 된다.

●용모가 아름답고 풍채가 헌앙하여 호걸다운 기풍이 있는데 성품은 유순하고 지혜가 총명하여 사람들의 흠앙을 받는다. 그러나 인생의 기복(起伏)이 심하여 좋을 때는 한없이 즐겁고 나쁠 때는 한없이 나쁘다. 거만하고 완고한 면도 있으며 능히 사람을 잘 달래고 수단도 있다. 사업에 분투하고 성의를 다하나 뒷생각을 않는 경향도 있어 이로 인하여 실패하는 예도 많다. 심중에 고민이 많고, 굳센편이 있어 아니될 일도 억지로 성취시키기도 한다.

● 부모형제의 덕이 없고 한때 풍상이 많으리라. 대개 일생을 통하여 파란곡절은 많으나 부귀득명하는 인물이로다. 四十을 넘으면 길성이 도우니 재앙이 물러갈 것이오 五십을 지나면 귀인이 도와서 부귀영화가 날로 새로워진다. 그러나 간간히 살액이 있으니 조심하라 일찍 학문을 닦았으면 문장이 높고 공명이 진동할 것이오 그렇지 못하였으면 보배로운 구슬이 진흙속에 묻힌 격이 되리라.

● 부부궁은 공방살이 있어 이별수가 두려우니 선심으로 공덕을 닦고 장등시주를 많이하여야 공방살을 막을 것이오 자식궁은 二자로되 一자종신 하리라.

● 평생의 가택궁은 미좌축향(未坐丑向) 및 간좌곤향(艮坐坤向)에 사곤문(巳坤門)이 대길하며 평생 남방이 불길하다. 삼재는 인(寅)년부터 들어 묘진(卯辰)년까지 삼년간 겪다가 사년에 나간다.

● 수한은 四十八九세를 넘기면 七十을 살 것이오 죽어서 명부에

들어가면 제육전 변성대왕(變成大王) 앞에 가서 심판을 받고 생전에 악한 일을 많이 한 사람은 독사지옥에 들어가리라.

壬辰生

임진생은 전생에 용궁의 선녀로 있을때 상제의 명으로 초목에 비를 내리다가 인가를 많이 무너뜨린 죄로 인간세상에 태어났느니라. 전생의 빚은 四만五천관이오 금강경은 十五권인바 제一고의 조(趙)라는 조관에게 바치게 된다.

● 이 사람은 용모가 헌출하여 호걸다운 기풍이 있다. 두뇌가 명민하고 담때하며 바다와 같은 국량이 있으매 능소능대하다. 인정이 많고 선심을 잘쓰며 군자다운 인격이 있어 윗사람을 공경하고 아랫사람을 사랑한다. 지혜가 뛰어나서 하나를 들으면 열가지를 깨우친다. 일면으로 성품이 혹 거칠고 사나우며 거만하고 완고한 면도 있다. 활동력이 왕성하고 부지런하여 사업에 열성을 다하지만 뒷생각을 하지않고 서둘러 착수하기때문에 실패하는 경우도 많

다. 그리고 성품이 굳세어 아니되는 일도 억지로 하려드는 고집이 있다.

● 부모궁은 이별수는 없으나 부모형제의 덕이 없고 정도 없어 멀리 떨어져서 살 것이오 운세는 일생을 통하여 평온할 때는 한없이 안락하고 나쁠 때는 한없이 괴로움을 당하는 사람이다. 의식걱정은 없으나 초년에는 고생이 많고 중년을 지나면 재백이 족하리라. 소년에 등과할 운이로되 일찍 학문을 닦지 아니하면 봉황이 변하여 닭이 되는 상이로다. 평생에 죽을 고비도 두세번 넘기게 되리라.

● 부부궁은 액이 있으니 자주 이사를 해야 좋을것이오 자식궁은 형제로되 종신은 一자 뿐이로다. 착한 마음으로 어려운 사람을 많이 구제하라 액이 사라질 것이오 부부해로하리라. 몸이 아파서 사경에 이르거든 불경을 외우라, 위기를 면하리라. 뿐 아니

라 평소에도 불전에 자주 치성하고 장등시주를 많이하라.

● 사는 집 좌향은 신좌을향(辛坐乙向) 유좌묘향(酉坐卯向)에 미신문(未申門)이 대길하며 평생 남방은 좋지않다. 삼재는 매양 인묘진(寅卯辰) 삼년간 머물다가 사(巳)년부터 벗어난다.

● 수한은 五十六세를 넘기면 七十二세를 살것이오 죽어서 명부에 들어가면 제二전 초강대왕(初江大王)앞에 심판을 받는데 악형을 많이 싸은자는 확탕지옥에 들어가리라.

甲辰生 갑진생은 전생에 강남국 용궁성군으로써 상제의 명을 받아 초목에 비를 내리다가 산을 무너뜨리고 그 죄로 금세적강 하였느니라. 전생의 빚은 二만九천관이오 금강경은 十권인데 제十九고의 등(藤)이란 조관앞에 빚을 바치게 된다.

● 성품은 용감하고 강직하며 깔깔하다. 용모다 당당하고 늠늠하며 웅위(雄偉)한데다 사고력이 바다처럼 풍부하여 매사에

수단이 능하여 변화무궁하다. 또는 언변이 좋고 자상하고 다정하여 친구도 많이 따르지만 때로는 거만하고 완고하며 고집이 세다. 성질이 나면 매우 사나울때도 있으며 억지가 세어 어떤 때는 안될일을 알면서도 오기를 부리기도 한다.

● 부모궁은 흠이 없으나 유산이 적고 형제간에 정이 없어서 사방으로 흩어져 산다. 일생동안 기복이 심하여 어떤때는 몹시 고생하고 어떤때는 몹시 즐겁다. 인덕은 있으나 구설수가 따르고 자주 이사하며 산다. 총명하여 일찍부터 녹을 먹을것이오 인품이 고상하여 신망과 명성을 얻으리라. 二十七 三十九 四十五세에 가정의 파란이 있으니 주의하라. 조상을 구진히 받들면 액을 면하리라. 부지런히 노력하고 인간적선을 많이 하라 四十이후부터는 재앙이 없고 의식이 족하며 가내태평하리라.

● 부부궁은 중년 이별수가 두려우니 예방하라. 자궁은 二자를

두어)자가 종신할 것이오 또는 영귀하리라. 자식을 위하여 부처님께 치성하고 그 수명을 빌며 절에 이름을 걸어주면 그 자식이 명도 걸어지고 부귀영화 하리라.

● 운에 맞는 집은 사좌해향(巳坐亥向) 오좌자향(午坐子向)에다 인을방(寅乙方) 출입문이 길하고, 평생 남방이 불리하다.

삼재는 인묘진(寅卯辰) 삼년간 들었다가 사년부터 나간다.

● 수한은 五十을 넘으면 七십까지 살을것이오 죽어서 명부에 들어가면 제오전 염라대왕앞에 가서 심판을 받을것이오 적악을 많이 하였으면 발설지옥에 들어가리라.

丙辰生 병진년에 출생한 사람은 전생에 용왕국 용궁성군으로서 상제의 명을 받아 초목에 물을주다가 산을 무너뜨린 죄로 상제에게 벌을 받고 인간세상에 태어났다. 전생의 빚은 三만 二천관이오 금강경은 열한권인예 제 三十五고의 가(價)라는 조관에게

빗을 바친다.

● 성품은 너그럽고 온순하며 혹은 거만하고 완고하다. 용모가 당당하여 호결다운 기풍이 있으며, 지혜가 총명하여 능히 한가지를 들으면 열가지를 알고, 수단이 있어 매사에 변화무궁하다. 때로는 급하고 단순한 면이 있어 뒷일을 생각치 않고 마음 내키는대로 하다가 낭패를 당하는 수도 많다. 일생을 두고 안 온할때는 한없이 안온하고 괴로울 때는 한 없이 괴롭다.

● 부모형제의 덕은 바라지도 마라 육친의 무덕함을 한탄마라 소년에 등과하여 식록이 풍족하리라. 만일 일찍부터 학문을 닦지 못하였으면 벼슬은 고사하고 곤고가 중중하리라. 四十 이전의 고생을 탄식마라 四十 이후부터는 재백이 진진하고 군자는 큰 뜻을 성취하여 이름을 사방에 떨치리라.

● 부부궁은 공방수가 아니면 부부화목치 못할것이오 자식은

형제를 두어 하나가 종신하리라. 의식의 구애는 받지 않으나 인덕이 적어 잘 한 일에도 도리어 구설시비가 이른다. 평생 흉액을 간간히 당하는바 이는 전생에서 남을 많이 해친 까닭으로 그 원귀가 따라다니기 때문이다. 살생을 삼가하라 칠성과 용왕님께 제사를 자주지내고 이사하면 좋을것이오 남에게 선심쓰고 적적하면 액을 면한다.

● 운에 맞는 집 좌향은 축좌미향(丑坐未向)및 간좌곤향(艮坐坤向)에 병정문(丙丁門)이 대길하고 평생 남방이 불리하다. 삼재는 인(寅)년부터 묘진(卯辰)년까지 삼년간 들다가 사(巳)년에 나간다.

● 수한은 六十九세를 지나면 七十六세까지 살을것이오 죽어서 명부에 들어가면 제九전 도시대왕(都市大王)에 매여 심판을 받는데 생전에 나쁜 일을 많이 하였으면 그 죄를 받으려 철상지옥

에 들어가리라.

六 사년생 (巳年生)

사년생은 기사(己巳)·효사(후巳)·계사(癸巳)을사(乙巳)·정사생(丁巳生)을 포함하여 칭하는바 즉 모든 뱀띠가 다 사년생이다. 이 뱀띠해에 출생한 사람은 원래 전세에서는 일월국(日月國) 천상사람인문 창성군(文昌星君)으로서 주색방탕하여 천상선녀를 희롱하다 가 옥황상제에게 꾸지람을 듣고 인간세상에 쫒겨났느니라.

己巳生 기사생은 천상(天上)의 일월국에 있던 문창성이었는데 천상선녀를 희롱한 죄로 인간세상에 적강하였느니라. 전생의 빗은 七萬二千관이오 금강경은 二十四천인데 제三十一고의 조(曺)라

는 조관에게 빗을 바친다.

● 성품은 쾌활하고 예민하며 굽히기 싫어한다. 용모가 단정하고 글재주가 있어 일찍 학문에 전공하면 뛰어난 인물이 될 수도 있다. 또는 용맹스럽고 민첩하여 외교수단도 능하나 지나치게 자존심이 강한데다 질투심도 많아 사소한 일에도 성질을 내다가 이로인하여 실패당하는 경우가 많다.

● 부모의 세업은 많으나 결국 자수성가 할 것이오 얼핏보기에는 대단히 부유한 것 같이보이나 실상은 그렇지 아니하다. 일생을 통하여 근심한 고초는 없을것이오 직업은 종교 문학 예술 방면에 종사하면 길하다. 인묘생과 인묘년을 만나면 길하고 해자신유 (亥子申酉)생과 해자신유년을 만나면 흉하다.

● 부부궁은 불화하여 초혼에 해로하기 어렵다. 부부간에 초년풍파가 간간히 있을것이오 중년을 지나면 화목해지리라. 자

식중은 二남 一녀가 있으나 불초하여 효성이 없고 중병 횡액과 관액이 있으리라. 고향을 떠나 살면 이로우며 초년의 고생운 팔자소관이니 참고 견디면 귀인이 와서 도와주리라. 선심으로 수도하고 장등시주를 많이하라 부부해로에 자손창성이오 일신도 영귀하리라.

● 가택의 좌향은 오좌자향(午坐子向) 및 정좌계향(丁坐癸向)에 인갑문(寅甲門)이 대길하고 평생 동방이 불길하도다. 삼재는 해(亥)년에 들어 자축(子丑)년까지 삼년간 머물다가 인(寅)년이 되면서 나간다.

● 수명은 七十六세가 정명이오 죽어서 명부에 들어가면 제四전 오관대왕앞에 가서 심판을 받는데 죄업을 많이 쌓은자는 검수지옥에 들어가 고초를 받으리라.

辛巳生 신사년에 출생한 사람은 전생에 천상의 일월국 문

창성군으로 술을 먹고 선녀를 희롱한 죄로 금세에 적강하였다. 전생의 빚은 五만七천관이오 금강경은 十九천인데 제 三十七고의 고(高)라는 조관에게 빚을 바치게 된다.

● 성품은 고상하고 온후하며 조심성이 많고 투기심과 질투심이 강하다. 또는 동정심도 많아 곧잘 인정을 쓰지만 비위가 거슬리면 발끈 성질도 잘 낸다. 위인이 민첩하고 수단이 능하여 외교도 훌륭히 해낸다.

● 부모궁은 좋지 않고 육친의 덕이 없어 오히려 항상 내가 도와주어야 할 실정이다. 외부내빈한 격이어서 남 보기는 부자지만 실속은 쪼들리는 때가 많다. 이사를 자주 하는 것이 좋으며 만약 일찌기 부귀공명을 누린다면 반대로 수명이 짧으리라. 부모에 효성이 지극하고 행실이 단정하여 이웃사람의 도움을 받는다. 四十이 지나야 부귀를 누릴운이오 직업은 예술、종교、문학계통이 마땅

이 마땅하다. 언제 동방으로 이사가는 것을 피하고, 분한 일이 있다해서 성질을 부리거나 남을 시기하거나 모함하면 불리하다. 또는 색정으로 인해 원한을 사거나 고민 갈등으로 크게 상하는 일에 걸려드는 수가 많으니 조심하라. 인묘(寅卯)생과 인묘년을 만나면 대길하고 해자신유(亥子申酉)생과 해자신유년을 만나면 불길하다.

● 부부궁은 파란이 심하거나 이별수가 있을 것이니 예방함이 좋고 자식궁은 三·四형제요 그 중 一자는 영귀하리라 불전에 치성하고 불경을 인쇄하여 널리 보급할 것이며 조석으로 경을 외우면 만사 대길하리라.

● 운세에 맞는 집은 간좌곤향(艮坐坤向) 및 축좌미향(丑坐未向)에 오미문(午未門)이 대길하며, 평생 동방이 불길하고 매 해(亥)년에 삼재가 들어 자축(子丑)년까지 머물다가 인(寅)년에 나간다.

● 수한은 五十六세를 넘기면 七十四세를 살을것이오 죽어서 명부에 들어가면 제六전 변성대왕이 심판을 맡는데 악행종사 하였으면 독사지옥에 들어가 고초를 받으리라.

癸巳生 계사년에 출생한 사람은 전생에 천상의 일월국 문창성군으로 상제를 받들고 있는 선녀를 희롱한 죄로 인간 세상에 태어나게 되었느니라. 전생의 빗은 二만 九천관이오 금강경은 十三천이며 제五구의 빼八襄라는 조관에게 빗을 바치게 된다.

● 성품은 강직하고 참을성이 있으며 잘못을 반성할줄 알고 고치는 슬기가 있다 부귀에 아부하지 않고, 굽히기를 싫어하지만 외교수단이 능하다. 그리고 지혜와 용맹을 겸비하고 명예를 존중 하며 동정심과 질투심이 많고 고집도 세어 자기의 마음에 맞지 않으면 몸을 버리는 한이 있더라도 행하고자 한다. 고로 이로 인하여 낭패를 보는 경우가 많다. 여색을 좋아한다.

● 부모의 유산도 넉넉하고 자신도 치가해서 의식이 풍족하고 부귀영화를 누리는 사주로다. 일찍 학문을 닦었으면 과거에 급제하여 관록을 먹으리라. 사주는 비록 종으나 액이 간간 따르니 신병이 자주 따르고 초년의 풍파가 간간히 이른다. 항시 벽운부를 지니면 병액이 물러가리라. 고향은 불리하니 타향이라야 성공하고, 인묘생과 인묘년(寅卯年)은 대길하고 해자신유(亥子申酉)생과 해자신유년은 불길하다. 직업은 종교 문화 예술방면이 길하리라.

● 부부간에는 살이 있어서 자주 싸우고, 자식은 二남一녀로되 효심이 없거나 아니면 자식궁의 액이 따른다. 불전에 치성하고 불경을 많이 외우라 불연이면 중액을 면치못할 것이오 부부 이별하고 재혼을 면치 못하리라.

● 사주에 맞는 집은 묘좌유향(卯坐酉向) 빛 을좌신향(乙坐辛向)에 정계문(丁癸門)이 대길하고 평생 동방이 불길하며, 삼재

는 해(亥)년부터 자축(子丑)년까지 연속 삼년간 든다,

● 수한은 七十七까지 누릴것이오 죽어서 명부에 들어가면 제二전 초강대왕 앞에 가서 심판을 받으며 죄인은 확탕지옥에 들어가리라.

乙巳生 을 사년에 탄생한 사람은 전생에 천상의 일월국 문창성 군이니 술에 대취해서 선녀를 희롱하다가 상제에게 득죄하고 인간세상에 태어났느니라. 전생의 빗은 九만관이오 금강경은 三十천인데 제二十一고의 양(楊)이란 조관에게 빗을 바친다.

● 성품은 쾌활명랑하고 유순하다. 지혜있고 민첩하고 용감하며 외교수단이 능하다. 한편 동정심이 있으나 투기심이 있어 성패가 자주있으며 여색을 탐하므로써 질투심을 일으킨다.

● 부모의 덕은 많으나 신상에 곤액이 따를것이오 타향은 물리하고 고향이라야 평온하리라. 이 사람은 남 보기에는 부자인 것 같으나 실속은 곤란이 많다. 부지런히 착문을 닦으므라 소년등과

하여 임신양명할 것이오 학문을 닦지 못하였으면 천한 신분이 되어 남의 부림을 받으리라. 직업은 관리 예술 종교방면이 좋으며, 인묘(寅卯)생과 인묘년이 길하고, 해자신유(亥子申酉)생과 해자신유년은 불길하리라.

● 부부궁은 초혼은 실패하고 재취는 해로하리라. 슬하에 二남一녀를 두나 불초하니 않으면 잔병이 따라 자식으로 인한 걱정이 많으리라. 남을 원망하지 말고 수도하며, 칠성기도와 먹을 것 입을것 공덕을 많이하라 처자의 액을 면할 것은 물론이오 자신도 만사여의 하리라.

● 집 좌향은 갑좌경향(甲坐庚向) 혹은 정좌계향(丁坐癸向)에 오정문(午丁門)이 대길하고 평생 동방이 불길하며 삼재는 해자축(亥子丑)년에 든다.

● 수한은 五十八세를 넘기면 七十五까지 살을 것이오 죽어서

명부에 들어가면 제오전 염라대왕 앞에 가서 심판을 받는데 죄인은 발설지옥에 들어가게 되리라.

[丁巳生] 정사생은 전생에 일월국 문창성군이니 선녀를 희롱한 죄로 상제에게 벌을 받고 인간세상에 쫓겨나게 되었느니라. 전생의 빚은 七만관이오 금강경은 二十三권이며 제十六고의 정(程)이란 조관에게 빚을 바치게 된다.

● 성품은 유순하고 착하며 장부의 기상이 있다. 특히 인정이 많고 신의가 지키고 의리를 중히 하는 사람이며 용맹하고 지혜롭다. 사고력이 민첩하여 외교수단이 능하고 동정심이 많아 남을 잘 도와준다. 남이 싫어하는 짓은 절대로 하지 않는 성질이나 다만 투기심과 질투심이 많은게 결점이다.

● 부모의 유산은 다소 있으나 초년의 풍파로 거의 없애리라. 소년에 학문을 닦았으면 벼슬하여 중한 자리에 이를것이오 모든

일더 쳐리를 잘 하니 나를 항상 따르고 도와주는이가 많다. 고향은 불리하니 멀리 떠나가 살으라. 직업을 농지하면 교육자 또는 종교, 예술방면이 좋다. 인묘생과 인묘년은 길하고, 해자신유생과 해자신유년은 불리하리라.

● 부부궁은 이별 수가 있으나 예방기도 하면 무해할 것이오 자식궁은 四·五형제로되 말썽을 부리지 않으면 질병과 관액으로 근심을 끼치리라. 수명에 액이 있으니 선심수도 하고 백일기도를 자주하라 불연이면 횡액을 면키 어려우리라.

● 집 좌향은 오좌자향(午坐子向)및 묘좌유향(卯坐酉向)에 사갑문(巳甲門)이 길하고 평생 동방이 불길하며, 해(亥)년에 삼재가 들어 자축(子丑)년까지 머물다가 인(寅)년에 나간다.

● 수한은 四十六세를 지나면 七十가까이 살을것이오 죽어서 명부에 들어가면 제 구전 도시대왕 앞에 가서 심판을 받으며 죄인은 철

七, 오년생 (午年生)

오년생이란 경오(庚午)·임오(壬午)·갑오(甲午)·병오(丙午)·무오(戊午)생을 총칭함이니 즉 말띠를 말한다. 이 오년에 태어난 사람은 전생에 천상의 대원국에 살던 인가성군인데 상제께 죄를 짓고 인간세상에 쫓겨나게 되었느니라.

庚午生 경오년에 난 사람은 전생에 대원국 선관인 인가성군으로 상제께 죄를 짓고 인간세상에 태어났다. 전생의 빚은 六만二천관이오 금강경은 二十천이며 제四十三고의 진(陳)이란 조관에게 빚을 바치게 된다.

상지옥 넣어 죄벌을 받게 하리라.

● 성품은 어질고 씩씩하며 용모가 단정하다. 외향적이어서 혼자 숨기는 일이 없이 자기 마음을 남에게 잘 털어놓는다. 번화하고 사치한 것을 좋아하며, 언변과 수단이 좋아 남을 잘 달래고 잘 설득시키며 잘 꾀인다. 그리고 친절한 것 같으면서 박정하다.

● 부모의 세업은 혹 늘리기도 하고 혹 실패도 하지만 비교적 좋은 집에서 호의호식하고 지내리라. 그러나 일가친척과 육친의 정이 없으므로 마음은 항시 고독하다. 타향에 옮겨 살아야 편안하고 분주하여야 도리어 길하다. 초년운은 평평하고 중년에는 액이 있다. 일찍 학문을 닦았으면 문필이 뛰어나고 말년 공명이 현달하리라. 만일 사주가운데 역마성이 있으면 상공업이 대길하고 불연이면 행상, 광산업 운수업 등 활동적인 사업이 길하리라.

● 부부궁은 두 방에 갓을 걸어 놓게 될 것이오 불연이면 상부 상처할 팔자로다. 자식궁은 남매를 두나 근심걱정이 많으리라. 산

신기도를 많이하고 의복시주를 많이하며 만인에게 적선하여야 좋으리라. 인(寅)년에는 자손의 액이오 경(庚)년은 불길하니 산신기도로 예방하라. 신(申)년과 유(酉)년에는 사방에 출입하여도 해가 없다. 집에 들면 근심이 있고 집을 나서면 마음이 편안하도다. 五十을 지나야 천세도 얻고 일신이 태평하리라.

● 집 좌향은 축좌미향(丑坐未向) 및 간좌곤향(艮坐坤向)에 명정문(丙丁門)이 대길하고, 평생 북방이 불길하며, 삼재는 신(申)년부터 유술(酉戌)년까지 삼년간 들다가 해(亥)년에 벗어난다.

● 수한은 六十三세를 넘기면 七十八세까지 살을것이오 죽어서, 명부에 들어가면 제一전 진광대왕(秦廣大王) 앞에 가서 심판을 받는데 생전죄업이 많은자는 도산지옥(刀山地獄)에 가리라.

壬午生 임오년에 출생한 사람은 전생에 천상의 대원국에 살

던 인가성군이니 상제께 죄를 짓고 인간으로 태어났느니라. 전생의 빚은 七만관이오 금강경은 三십三권인데 제四十四고의 공(孔)이란 조관에게 빚을 바친다.

● 성품은 급하나 너그럽고 인자하다. 청렴결백 하고 담이 크며 두뇌가 명민하고 뜻이 깊어 군자다운 풍이 있다. 윗사람을 공경하고 아랫사람을 공경하는 등 대인관계가 원만하지만 한편 한 발자욱도 남에게 지지 않으려는 고집이 있다. 그리고 무슨 일에나 마음속에 숨겨두지 않고 남에게 털어놓고 간담하기를 좋아하며 지혜있고 언변이 능하여 사람을 잘 다룬다. 변화와 사치를 즐기는 편이며 친절하면서도 박정할 때가 있다.

● 부모형제의 정이 없으니 고독한 명이오 세업도 받지 못하므로 자수성가 할 팔자로다. 고향은 불리하니 타향이라야 성공하고 생일에 많이 길성이 들면 의식걱정은 없으리라. 인(寅)년과 오

(午)년은 불길하니 산신기도를 많이 하라. 사업은 안전성 있는 것이 좋고 모험성 있는 것은 불리하리라.

● 부부궁은 살이 있으니 이별수가 두렵고 자궁은 四·五자로 되고 두 근심걱정만 끼치게 되리라. 칠성기도와 산신치성을 많이 하라 액을 면할 것이오 자주 액이 따르고 실패수가 있으리라.

● 집 좌향은 인좌신향(寅坐申向) 및 갑좌경향(甲坐庚向)에 자계문(子癸門)이 대길하고 평생 북방이 불길하며, 삼재는 신(申)년부터 술해(戌亥)년까지 삼년간 겪게 된다

● 수명은 五十七八에 무사하면 七十八세까지 살을 것이오 죽어서 명부에 가서는 제三전 송제대왕(宋帝大王) 앞에 가서 심판을 받고 죄를 많이 지은자는 한빙지옥(寒氷地獄)에 가두리라

甲午生 갑오생은 전생에 천상의 대원국에 살던 인하성군으로 나 뿐 일을 많이 하고 상제에게 벌을 받아 인간세상으로 쫓겨나게 되었

느니라. 전생의 빚은 四만관이오 금강경은 十三천인데 제二十一 고의 우(牛)라는 조관에게 빚을 바친다.

● 이 사람은 용모가 단정하고 헌출하며 용감하고 정직하나 사물에 격동하기 쉽고 금시 성냈다가 금시 풀어진다. 담박하고도 다정다감하여 따르는 친구가 많고 원만한 일은 마음속에 넣어두지 않고 잘 드러내는 성질이다. 그리고 무슨 일을 할때 어느때는 뒷일을 고려않고 급히 서두르는가 하면 어느때는 고양이가 쥐를 다루듯이 매우 침착하고 조심성 있다. 사치와 번화로움을 좋아한다.

● 세엽은 있으나 성패가 다단할 것이오 부모형제의 정이 없으니 고독한 명이로다. 역마성이 들었으니 고향보다 타관이 길하고 초분은 곤란하나 중분이후로 의식이 족족하다. 뜻이 고상하매 자연히 신용을 얻어 세운 뜻을 성취할 것이오 귀한 신분과 교제가 많고 문필로 명성이 높거나 공명을 펼치리라. 간혹 실패수가

따르며, 집에 들면 마음이 괴롭고 출타하면 편안하다. 만일 관록을 먹지 않으면 물장사가 유익하리라.

● 부부궁은 남자는 두 아내요 여자는 재취수로다. 자식은 三자로되 효도하는 자식이 없다. 항상 마음을 바르게 갖고 적악을 하지 말것이며 남을 도우며 살면 복록이 무궁할 것이오 불전치성을 게을리하면 한때 결인신세를 면치 못하리라.

● 집 좌향은 병좌임향(丙坐壬向) 및 갑좌경향(甲坐庚向)에 축곤문(丑坤門)이 대길하고 평생 북방이 불길하며, 삼재는 신(申)년부터 삼년간 머물다가 해(亥)년에 나간다.

● 수명은 六十四·五세를 지나면 八十가까이 누릴것이오 죽어서 명부에 들어서면 제七전 태산대왕(泰山大王) 앞에 가서 심판을 받는데 적악을 많이 한 자는 좌마지옥(挫磨地獄)에 들어가 악의 벌을 받으리라.

[丙午生] 병오년에 출생한 사람은 전생에 대원국 천태산 선녀로 있었는데 상제께 득죄하고 인간세상에 태어났느니라. 전생의 빚은 三만三천관이오 금강경은 十二권인데 제六十고의 소(蔬)라는 조관에게 빚을 바치게 된다.

● 이 사람은 용모가 단정하고 마음이 어질다. 자기의 속에 감추어 두는 일이 없이 잘 드러내는 성격이며, 사치와 변화를 좋아한다. 교제술이 능하고, 친절한 듯 하면서도 실상은 박정한 면이며 아무데나 잘 덤비기도 한다.

● 부모의 세엄은 진퇴가 많고 육친의 정이 없다. 일생 의식은 넉넉하나 병액을 면키 어려우며 항시 분주하게 동서로 출입하니 한가한 때가 적다. 학문을 닦었으면 문필과 공명을 떨칠것이오 불연이면 술장사가 대길하다. 의약과 상공업도 길한데 내 손으로 모아 내 손으로 실패도 한다. 초년과 중년에 곤액을

겪고난 뒤에라야 의식이 유족할 것이오 말년에 대창하리라.

● 부부간의 금슬은 애로가 있으니 일부일처로 살기는 어려울 것이오 자궁은 一남一녀로되 후처가 있으면 四·五자를 두리라.

혹 명궁의 액이 있으니 신불(神佛)에 치성하고 인간구제를 많이 하라 이와 같은 공이 있으면 수명을 오래 보전하리라.

● 집은 인좌신향(寅坐申向) 및 갑좌경향(甲坐庚向)에 해자문(亥子門)이 대길하고, 평생 북방이 불길하며, 삼재는 신(申)년 부터 유술(酉戌)년까지 삼년간 들어 해(亥)년에 벗어난다.

● 하늘이 정한 명은 七십五세요 죽어서 명부에 가면 제八전 평등대왕(平等大王) 앞에 가서 심판을 받는데 못된 일만 일삼았으면 추해지옥(錐解地獄)에 들어가리라.

戊午生 무오년에 출생한 사람은 전생에 천상의 대원국 인하성군으로써 천태산의 선녀를 희롱하다가 상제의 벌을 받고 인간

세상에 적강하였느니라. 전생빚은 구만관이오 금강경은 三十권인 데 제三十九고의 사(史)라는 조관에게 바친다.

● 이 사람은 용모가 준엄하고 심성이 맑고 현철하며 뜻이 고상하여 구름가운데 날으는 학과 같다. 성질이 강하여 남에게 굽히기 싫어하나 겸손하고 정의로우며 곡직을 잘 가려서 쳐사한다. 무슨 일이던지 남에게 드러내 놓고 상의하기를 좋아하고, 번화롭고 사치한 것을 좋아한다. 교제가 활발한데 어느때는 친절한 것 같으면서 실로 박정할 때도 없지 않다.

● 세업은 성패가 다단할 것이오 육친의 정이 없으며 고향은 불리하니 타향으로 자주 옮겨살으리라. 초중년은 액이 있으니 일신이 분주하고 곤고가 많으나 五十이후는 고대광실에서 호의호식하며 지내리라. 집에 들면 근심이오 집을 나서면 마음이 쾌활하다. 만일 관록을 먹지 않으면 주류업이나 상공업

걷하리라. 선심적덕 많이하고 불경소리 끊기지 않아야 복록이 면면하리라.

● 부부궁은 해살(害殺)이 들어 금슬이 나쁠것이오 혹은 두 방에 옷갓을 걸어놓게 되며, 자식은 四·五형제 두나 실패보는 자식이 있다. 十九, 二十三, 二十五, 四十운에 처자의 백이 있으니 산신기도를 많이하면 액을 면하리라

● 집은 사좌해향(巳坐亥向) 및 곤좌간향(坤坐艮向)에 축간문(丑艮門)이 대길하고, 평생 북방이 불길하며, 삼재는 신(申)년부터 유술(酉戌)년까지 삼년간 들다가 해(亥)년에 벗어난다.

● 수한은 六十五세 한명이오 만일 이해를 넘기면 七十八세까지 누릴것이오 죽어서 명부에 들어가면 제十전 오도전륜대왕(五道轉輪大王) 앞에 가서 심판을 받는데 생전에 적악을 많이한 사람은 흑암지옥에 들어가리라.

八. 미년생 (未年生)

미년생이란 신미(辛未)·계미(癸未)·을미(乙未)·정미(丁未)·기미생(己未生)을 총칭함이니 즉 양띠를 말한다. 이 미년에 출생한 사람은 전생에 천상의 고장성군이었는데 부처님께 죄를 짓고 다섯선관과 같이 인간세상에 적강하게 되었느니라.

후미생(后未生) 신미년에 출생한 사람은 전생에 서천국 사람인데 불전에 득죄하고 인간으로 갱생하였다. 전생의 빗은 일만삼천관이오 금강경은 三十二권인데 제五十九고의 상(常)조관에 바친다.

● 성품은 급하나 쉽게 풀리며 생각이 깊고 품은 뜻이 원대하다. 항상 큰 계획을 세우지만 이루어지는 것이 적으며 무슨 일

을 당하여 너무 생각하고 재다가 그만 기회를 놓쳐 실패하는 수가 많다.

● 부모의 세덕은 없을것이오 혹 있더라도 지키기 어려우며 육친무덕하니 고향을 떠나 강산을 편답하리라. 역마성이 들었으니 타향에서 분주히 뛰어다녀야 의식이 풍족할 것이오 한가한 때가 없어 일신양역을 하게되리라. 대개 선무공덕이오 원처가 항상 따르므로 병액이 있고 매사에 장애가 따른다. 학문을 부지런히 닦었으면 공명을 얻을것이오 불연이면 상공업이 길하리라

● 부부궁은 이별수가 있으니 예방하라. 배우자는 신유사(申酉巳)생 중에서 택하는 것이 길하리라. 자궁은 二·三형제이나 一자가 종신할 것이오 선심으로 수도하고 사람을 가려서 벗 삼으라 한번 실수하면 화액을 면치 못하리라. 四十을 지나야 의식이 유여하다. 죽을 고비를 세번이나 겪게 될것이니 적악을 하지 말

고 의복시주를 많이하면 길하리라.
● 집 좌향은 간좌곤향(艮坐坤向) 및 곤좌간향(坤坐艮向)에 사오문(巳午門)이 대길하고 평생 서방이 불길하며, 삼재는 사(巳)년부터 오미(午未)년까지 삼년간 겪게 된다.
● 수한은 六十을 지나면 八十까지 살 것이오 죽어서 명부에 들어가면 제一전 진광대왕 앞에 가서 심판을 받는데 적악을 많이 한 사람은 도산지옥에 들어가리라.

癸未生 계미년에 출생한 사람은 전생에 월궁의 선녀로서 불전에 신심이 부족하였던 탓으로 번뇌많은 인간세상에 태어나게 되었느니라. 전생의 빚은 五만二천관이오 금강경은 十七권이며 제 四十九고의 주(朱)라는 조관에게 빚을 바친다.
● 성품은 유순하면서도 급하고 강직하여 남에게 잘 굽히지 아니한다. 용감하고 명예를 존중하며 참을성이 있고 잘못이 있으

면 곧 고치는 버릇이 있다. 항상 생각이 많고 포부가 원대하지만 내 뜻을 받아들이고 알아주는 사람이 적다. 한번 마음먹은 일이면 무슨 일이 있어도 밀고나가려는 끈기와 고집이 있다.

● 부모의 세덕은 없다. 혹 있더라도 지키지 못하며 고향을 떠나 사방으로 분주노력하여야 재물을 모아 자수성가 하리라. 만일 벼슬을 못하면 상업이 길하다 四十이후라야 신세태평하리라.

● 부부궁은 신사유(申巳酉)생 가운데서 배필을 구하라. 액살이 침범하여 이별수가 두려우니 칠성기도와 장등시주를 많이하면 도액이 될 것이오 불연이면 이별을 면치 못하리라. 자궁은 많으면 六·七이오 적으면 三·四형제로되 二자종신 하리라.

● 가택(家宅)은 건좌손향(乾坐巽向) 및 유좌묘향(酉坐卯向)에 자계문(子癸門)이 대길하고 평생 서방이 불길하며, 삼재는 사(巳)년부터 오미(午未)년까지 삼년간 들게 된다.

[乙未生] 을미생은 전생에 서천국 사람으로 부처님께 죄를 짓고 금세에 생생하였느니라. 전생의 빗은 四만관이오 금강경은 十三권 인데 제 五十一고의 황(皇)이란 조판에게 빗을 바친다.

● 수명은 六十을 넘겨야 八十까지 살을것이오 죽어서 명부에 가면 제삼전 송제대왕에게 심판을 받는데 생전에 악행종사 하였으면 한빙지옥에 갇혀 벌을 받으리라.

● 성품은 급하나 쉽게 풀어지며 온순하고 봉사적이다. 얼핏 보기에는 유약한 것 같지만 마음속에는 남이 모를 배포가 숨겨져 있다. 불평과 근심걱정으로 항시 우울하며, 나는 나를 구조하고자 하나 남이 나의 호의를 받으려 아니한다. 무슨 일에나 너무 생각이 많아서 도리어 실패하는 수도 있다.

● 부모의 세염은 혹 있더라도 지키지 못하고 가세가 빈궁하다. 역마성이 들어 사방에 분주노력하여야 자수성가 하리라. 자주 실패수

가 있으니 조심하라. 평생의 업은 상공업이 길하다. 四十九세에 액을 면하기 어려우니 선심을 많이 쓰고 명산과 사찰에 자주 기도하면 액을 면할것이오 의식도 족족하리라.

● 부부궁에는 살이 있으니 살을 풀어주고 항상 선심적덕을 아니하면 이별수가 두렵다. 자궁은 二·三형제이나 一자종신도 어려우리라.

● 가택궁은 사좌해향(巳坐亥向) 및 정좌계향(丁坐癸向)에 곤간문(坤艮門)을 내고 살면 만사여의하고 평생 서방이 불길하며, 삼재는 사(巳)년부터 오미(午未)년까지 삼년간 든다.

● 수명은 六十고비를 넘겨야 八十가까이 살을 것이오 죽어서 명부에 들어가면 제七전 태산대왕에게 심판을 받는데 선한공덕이 없는 자는 좌마지옥에 들어가리라.

丁未生 정미생은 전생에 서천땅 보화국에 살면서 불전에 득죄하고 금세에 껑생하였느니라. 전생의 빚은 九만一천관이오 금강경

운 二十九천인데 제 五十二고의 주(朱)조관에게 바친다.

● 성품은 불같이 일어나나 곧 풀어지며, 순하고 착한 편이다. 그리고 인정이 많고 신의가 있으며 정도(正道)를 지키니 군자다운 기품이 있다. 자기일보다 남의 일을 더 잘 보아주는 성질이므로 나는 정성을 다하여 돌봐주건만 남은 내 마음을 알아주지 아니한다. 항시 큰 뜻을 세워보지만 이루어지는게 적어 근심걱정이 떠나지 아니한다.

● 부모의 세염은 있더라도 지키지 못하며, 항시 집을 떠나 사방으로 분주하게 돌아다니라. 지닌 재간이 있으매 가는곳마다 환대를 받을 것이오 상공업에 종사하여야 의식의 걱정이 없으리라. 三十七·八·九세를 무사히 넘겨야 노력한 보람으로 풍족하게 산다. 친구를 조심하라. 四十을 넘기면 매사여의해서 부귀를 누리리라.

● 부부궁은 공방살이 있으니 얼마동안 별거하여야 이별수를 면한다. 부부궁을 한탄말고 칠성기도와 불전치성을 많이하라 불연이

면 액을 면치 못하리라. 배우자는 사신유(巳申酉)생이 길하다. 자궁은 어떠한가, 二자를 두어 一자종신하리라.

● 가택은 축좌미향(丑坐未向) 및 곤좌간향(坤坐艮向)에 사병문(巳丙門)이 길하고, 평생 서방이 불길하며 삼재는 사(巳)년에 들어 오민(午未)년까지 삼년간 머물다가 신(申)년에 벗어난다.

● 수명은 六十액운을 넘기면 八十상수할 것이오 죽어서 명부에 들어가면 제八전 평등대왕 앞에 가서 심판을 받고 죄악을 많이 범한사람은 추해지옥에 들어가 고초를 당하리라.

己未生 기미년에 출생한 사람은 전생에 서천국 사람으로 불전에 득죄하고 금세에 갱생하였느니라. 전생의 빗은 四만三천관이오 금강경은 十五천인데 제五十五고 변(卞)조관에 바친다.

● 성품은 불같이 괄하나 봄눈처럼 풀어지며 지혜와 재주가 있고 어떠한 어려움을 당할지라도 뜻을 굽히거나 마음이 흔들리지 아

니한다. 항상 큰 계획을 품고 있으나 이루어지는 일이 적고 무슨 일을 지나치게 많이 생각하느라고 도리어 실패보는 경우가 많다. 자기일보다 남의 일을 더 잘봐주는 성질이지만 선무공덕 격으로 남은 내 마음을 알아주지 아니한다.

● 부모는 쌍전이나 유산이 없고 혹 있더라도 지키기 어렵다. 역마성이 들었으니 사방에 분주하여야 자수성가 하여 의식이 넉넉하다. 그러나 실패수가 있으니 조심하라. 부지런히 학문을 닦았으면 공명을 얻을것이오 불연이면 사업으로 성공하리라.

● 부부궁은 남녀간에 이별 수 있다. 사신유생(巳申酉生)을 배우자로 정하면 길하리라. 자궁은 二·三형제로되 一자종신이오 十세와 四十九세는 액이 있으니 조심하라. 三十八·九세를 넘겨야 일신이 편안할 것이오 칠성기도를 많이하면 길하도다 삭발하고 중이 되어 수도하면 큰 법승이 되리라.

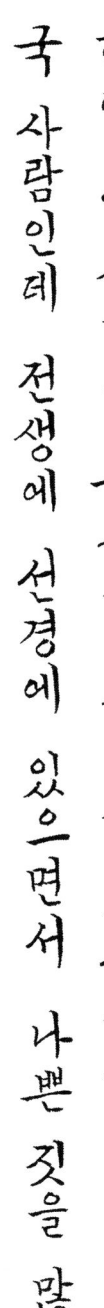

● 가택은 건좌손향(乾坐巽向) 및 축좌미향(丑坐未向)에 간건문(艮乾門)이 대길하고 평생 서방이 불길하며, 삼재는 언제나 사오미(巳午未) 삼년마다 드니 삼재년을 주의하라.

● 수명은 六十고비를 넘기면 八十까지 살을것이오 죽어서 명부에 들어가면 제十전 전륜대왕앞에 가서 심판을 받는데 지은죄가 많은 사람은 흑암지옥으로 들어가리라.

九、신년생(申年生)

신년생은 임신(壬申)·갑신(甲申)·병신(丙申)·무신(戊申)·경신생(庚申生)이니 즉 잔나비(원숭이)띠를 말한다. 이 신년에 출생한 사람은 천상선관인 보화국 사람인데 전생에 선경에 있으면서 나쁜 짓을 많

| 壬申生 | 임신생은 전생에 천상의 보화국 선관으로써 선경에서 소일하다가 인간의 재물을 탐한 죄로 상제에게 문책을 받아 인간세상에 태어나게 되었느니라. 전생의 빚은 四만二천관이오 금강경은 十四천인데 제 四十九고의 묘(昴)조관에게 빚을 바친다.

이하고 상제께 벌을 받아 사람세계로 쫓겨났느니라.

● 성품은 선량하고 유순하나 재물에 대한 욕심이 많고 인색한편이다. 한번 마음먹은 일은 반드시 실천하고야 마는 성질이며 모든 예능에 통달하고 말 재주가 있다.

● 부모궁은 조실부모가 아니면 양자갈 팔자요 세엽도 없으며 형제간에도 정이 없어서 마음이 항상 고독하고 산란하도다. 일찍 학문을 닦지 못하였으면 신세가 고고할 것이오 초년의 고생이 심하리라 비록 어려운 일을 당할지라도 능히 이것을 해결해나가는 지모가 있다.

- 97 -

● 부부궁은 고성이 비쳤으니 초년 공방수가 아니면 양처를 거느릴 팔자요 자궁은 二·三형제이나 온전히 기르기 어렵다. 말년에 부부 이별수가 있으니 칠성기도를 많이하고 장등시주를 많이 하라 이별수를 면하고 몇번 곤액을 겪은 뒤 신세태평하리라.
● 가택은 자좌오향(子坐午向) 및 사좌해향(巳坐亥向)에 갑묘문(甲卯門)이 대길하고 평생 북방이 불길하며, 삼재는 인(寅)년부터 묘·진(卯辰)년까지 삼년간 겪게 된다.
● 수한은 七十三세까지 살을것이오 죽어서 명부에 들어가면 제一전 진광대왕 앞에 가서 심판을 받는데 죄악을 많이 범한자는 도산지옥에 들어가 악에 대한 고초를 받으리라.

甲申生 갑신년에 출생한 사람은 천상의 금계성군으로 전생에 서천국에 태어나서 남의 재물을 탐한 죄로 금세에 갱생하였느니라. 전생의 빗은 七만관이오 금강경은 二十三권이니 제 五十六고의

여(몸)라는 조판에게 빗을 바친다.

● 성품은 쾌활하고 민첩하며 정직하고 용감하다. 사물에 격동하기를 잘하고 금시 노했다가 금시 풀어지며 도량이 좁아서 남을 용납하려 아니한다. 그리고 신경질이 심한데 어찌보면 다정하고 담박하여 친구는 많이 사귄다. 매사에 시작할때는 분투노력하는 듯하나 실상은 결단력이 적어 끝마무리가 분명치 않다.

● 부모궁은 일찍 여의거나 정이 없을 것이오 혹은 양자갈 팔자로다. 몸에 항상 병액을 지니고 있으며 초중년은 평평하고 말년에는 안락하리라. 귀인의 도움이 있고 복록도 따르나 성패수가 다단하니 투지사업을 하지 말고 여색을 삼가하라. 직업은 농사를 짓거나 군문에 들어가면 좋으리라. 만일 부커를 크게 누리면 수명이 모자랄 것이니 분에 넘치는 바라지 않는게 좋다.

● 부부궁은 무려무덕할 것이오 자궁은 二·三형제로되 슬하

에 근심이 있으리라. 만일 아들을 많이 낳으면 개천에 다리를 놓아 월천공덕하고 딸을 먼저 낳거든 의복시주를 많이하여 활인적선하라. 말년의 여러가지 근심이 많으리니 조심하고 칠성기도를 많이하라. 불연이면 二三자 죽을 고통을 면치 못하리라.

● 집 좌향은 자좌오향(子坐午向), 임좌병향(壬坐丙向)에 을손문이 대길하고 평생 남방이 불길하며, 인(寅)년에 삼재가 들어 묘·진(卯辰)년까지 묵다가 사(巳)년에 나간다.

● 수명은 五十四세를 넘기면 七十六세까지 살것이오 죽어서 병부에 들어가면 제三전 송제대왕 앞에 가서 심판을 받는데 죄인은 한빙지옥에 들어가 고초를 받으리라.

丙申生 병신생은 전생에 천상의 보화국 선인으로써 선경에서 소일할때 살생도 많이하고 민간의 재물을 많이 소모한 죄로 금세에 탄생하였느니라. 전생의 빗은 三만三천관이오 금강경은 十一권

인데 제 오십칠고의 하(何)라는 조관에게 빗을 바친다.

● 성품은 쾌활하고 선량하나 욕심이 많고 인색하다. 지혜가 있고 민첩하며 고제도 넓은데 도량이 좁아서 사소한 일에도 성버기를 잘하며, 남을 잘 용납하지 아니한다. 무슨 일이던지 잘 덤비는 성질이며 매사에 분토노력 하면서도 실상은 결단성이 적다.

● 부모궁은 일찍 여의더나 덕이 없고 혹은 양자갈 팔자요 육친간의 정이 없으리라. 초·중년의 운은 간혹 귀인이 도우고 횡재수도 있으나 도처에 곤액이 따르고 의외의 풍파가 일어날 것이오 말년에는 의식의 걱정은 없으나 가정이 불화하여 공방생활을 면치 못하리라. 활인구제 많이하고 남을 해치지 말것이며 절문에 자주가서 불공을 드려야 모든 액을 면하고 만사여의 하리라

● 부부궁은 혼인이 늦고 만일 일찍가면 해로하기 어려우며 자궁은 늦게 一남一녀를 두리라. 원커가 따르니 처자궁에 곤액이

있다. 조상을 잘 위하고 자식을 위하여 공을 많이 드려주면 대길하리라.

● **집** 좌향은 축좌미향(丑坐未向) 및 곤좌간향(坤坐艮向)에 오정문(午丁門)이 대길하고 평생 남방이 불리하며, 삼재는 언제나 인묘진(寅卯辰) 삼년간을 겪게 된다.

● **수한**은 七十五세까지 누릴것이오 죽어서 명부에 들어가면 제七전 태산대왕 앞에 가서 심판을 받는데 살았을때 나쁜 짓을 많이 한 사람은 최마지옥에 들어가리라.

戊申生 무신년에 출생한 사람은 전생에 보화국 신선이었는데 선경에서 소일하다가 인간의 재물을 탐한 죄로 상제에게 벌을 받아 금세에 탄생하였느니라. 전생의 빚은 八만관이오 금강경은 三十六권인데 제 五十八고의 시(柴)라는 조관에게 빚을 바친다.

○ 성품은 겸손하고 착하며 지혜롭고 민첩하다. 승벽심이 강하여

지기를 싫어하고, 마음먹은 일은 결국 실천하고야 마는 성질이며, 재물에 욕심도 많다. 그리고 또 매사에 분투노력하나 결단성이 적은 것이 결점이며, 도량이 좁고 희로의 변화가 심하여 사소한 일에도 성질을 잘 낸다. 때로는 정의를 잘 주장하고 시비곡직을 잘 가린다.
○ 부모의 덕이 없고 형제간에도 정이 없어서 일신이 고독하니 일찌기 부모형제를 떠나 양자로 갈 팔자요 귀인도 복록도 있으나 자수로 실패하기 쉬운 운수로다. 초·중년의 운수는 곤액이 심하고 실패가 많으나 귀인의 도움이 있어 고기가 변하여 용이 되는 격이로다. 장차 복록을 누릴것이로되 수명이 짧을가 근심이로다. 무예나 학문을 닦지못하였으면 신세곤고 할 것이오 조상의 근심으로 실패 수 및 중병의 액이 간간히 따른다. 모든 일을 잘 살펴서 행하고 공을 드리면 성공하리라. 평생 투기사업은 하지 말고 농사를 짓거나 군인이 되었으면 대길하리라.

●부부궁은 재취수를 면치못할 것이오 자궁은 二·三형제 두다 하나 독신과 마찬가지로다. 도화살이 들었으니 여색을 조심하라 불연이면 패가망신을 면치 못하리라. 여자 원귀가 항상 따르니 남을 한집에 들여 살게 하고 고요한 절에 가서 해마다 불공을 해야 하며 칠성기도를 많이 하고 칠성부를 몸에 지니면 액이 사라지고 수명도 걸어지리라.

●집 좌향은 곤좌간향(坤坐艮向) 및 오좌자향(午坐子向)에 진사문(辰巳門)이 대길하고 평생 남방이 불길하며、삼재는 인(寅)년부터 묘진(卯辰)년까지 삼년간 들다가 사(巳)년에 나간다。

●수명은 四十세를 지나면 七十三세까지 누릴것이오 죽어서 명부에 들어가면 제八전 평등대왕 앞에서 심판을 받는데 죄악이 많은자는 추해지옥에 들어가 고초를 받으리라。

庚申生 경신년에 출생한 사람은 전생에 천상선관으로써 선경

에서 소일할때 인간의 재물을 많이 소모한 죄로 이 세상에 태어나게 되었느니라. 전생의 빗은 六만一천관이오 금강경은 二十一권인데 제四十二고의 호(胡)라는 조관에게 빗을 바친다.

● 성품은 쾌활하고 욕심이 많으며 인색하고 소극적인 경향이 있다. 남을 잘 용납하지 수가 있고 어떤 때는 사소한 일에도 성질을 잘 낸다. 지혜가 명민하여 변재가 능하고 상하를 잘 가려서 사귀며 남을 도와주고자 하는 뜻이 깊다. 그리고 매사에 분투 노력하는 것 같으나 실상은 결단성이 적고, 복록도 따르나 여색을 지나치게 탐하므로 이로인하여 실패수가 있으니 주의하라.

● 부모형제간에는 정이 없다. 뿐만 아니라 부모를 일찍 이별하고 동기간이 사방에 흩어져 살게 되리라. 의식은 풍족하나 분주히 노력하여야 재산을 지킬것이오 몸에 병액은 간간히 따른다. 초·중년보다 四十이 넘어야 호의호식 할 것이오 투기사업은

불걸하고 농사를 짓거나 군인이 되었으면 대길하도다. 평생 여색을 조심하라 불연이면 횡액을 면치 못하리라.

● 부부궁은 금슬이 나쁘거나 독수공방수가 있을것이오 자궁은 二·三형제이나 항상 근심이 많다. 二녀의 원귀가 따르므로 부모와 있고 자식에게도 질병이 있으니 살을 막으라. 어진 마음으로 철성기도를 많이하고 남에게 적선을 많이 할 것이며 또는 장등시주와 의복시주를 많이하라. 이와 같은 공덕이 있으면 부귀를 누릴것이오 불연이면 걸식을 면치 못하리라. 혹은 남의 집 양자로 들어가면 부귀영화 장수하리라.

● 집 좌향은 자좌오향(子坐午向) 및 계좌정향(癸坐丁向)에 갑을문(甲乙門)이 대길하고, 평생 남방이 불리하며, 삼재는 인묘진(寅卯辰) 삼년간에 든다.

● 하늘이 정한 명은 七十八세를 누릴것이오 죽어서 명부에

十、유년생(酉年生)

유년생은 계유(癸酉)·을유(乙酉)·정유(丁酉)·기유(己酉)·신유(辛酉)생을 총칭함이니 즉 닭띠를 말한다. 이 유년에 출생한 사람은 전생에 옥도성군이 범천국에 있을때 불법을 비방한 죄로 번뇌와 고해의 바다인 인간세상에 태어나게 되었느니라.

[癸酉生] 계유생은 전생에 범천국 신선으로써 선경에 유희하다가 상제에게 죄를 짓고 인간세상에 태어났느라. 전생의 빚은 금강경은 十六천이데 제十二고의 신(申)이란 조관에게 빗만관이오

을 바친다.

● 성품은 강직하여 남에게 굽히지 않으며 용맹하다. 명예를 존중하고 연구하고 고치는 버릇이 있어서 자기의 잘못을 알면 즉시 이를 시정한다. 인내력이 있으나 오기도 있어 자기 마음에 맞지 않으면 몸이 희생하는 한이 있더라도 행하고야 만다. 특히 처세가 주밀하고 원만하여 대인관계가 훌륭하다. 다만 적은 재주를 믿고 아니 될 일을 억지로 행하는 예도 있어 팬히 몸만 그르치기도 한다.

● 부모의 세업은 있으나 다 없애고 자신이 벌이해서 생계할 것이오 귀인성이 있으나 방해살이 몸에 따르므로 수족이나 몸에 흉터가 있도다 만일 흉터가 없으면 자식의 근심과 집안의 우환으로 항상 고심이 많으리라. 이 수를 면하려면 적선을 많이 하고, 고요한 절에나 산수 좋은 곳에 가서 불전에 공드리고 칠성기도와 산신기도를 많이 하면 길하리라.

● 부부궁은 쳐첩을 거느릴 수요 몸에 도화살이 들었으니 부부 이별수가 있으며, 자식궁은 五·六형제 수라하나 없는 것과 마찬가지로다. 三十九와 四十四세에 신명을 조심하라. 초년은 비록 평탄하나 중년은 분망할 것이오 말년은 다시 태평하리라 지성으로 조상의 제사를 받들라.

● 집 좌향은 신좌을향(辛坐乙向) 및 해좌사향(亥坐巳向)에 자임문(子壬門)이 대길하고, 평생 동방이 불길하며, 삼재는 언제나 해자축(亥子丑) 삼년간을 겪게 된다.

● 수명은 五十二세를 지나면 八十까지 살을것이오 죽어서 명부에 들어가면 제一전 진광대왕에게 심판을 받는데 죄업을 많이 지은자는 도산지옥에 들어가 고초를 받으리라.

乙酉生 을유년에 출생한이는 그 본신이 옥토성군인바 전생에 범천국 신선이 되어 선경을 유희하던 중 범천에 죄를 짓고 금

세에 갱생하였느니라. 전생의 빚은 四만관이오 금강경은 二十四권인데 제 二고의 안(安)이란 조관에게 빚을 바친다.

● 성품은 온순하고도 활발하다. 일 처리가 꼼꼼하고 사람을 원만히 대접하며 사물에 대한 관찰력이 밝고 계획이 치밀하다 매양 적은 재주를 이용하여 허황된 일을 하다가 신세를 그르치는 수가 많으며, 시작은 밝고 끝은 어둡다. 명예를 중히 여기고 의리를 지키면 길하리라.

● 부모의 세업은 비록 있을지라도 오래 지니지 못하고 결국 빈손 들고 재산을 모일것이오 직업은 음식 요리업을 경영하면 성공하리라. 수족에 흉터가 있을것이오 오락과 사치와 색을 좋아하다가 낭패도 당한다. 十三·十九·二十三·三十九세에 관액을 조심하고 三十四와 四十九세는 신병의 액을 조심하라. 조상을 잘 천도하고 조왕제를 많이 지내면 길하리라.

- 부부궁은 도화살이 있어서 이별하고 재취할 팔자요 자궁은 四·五형제로되 二자종신하리라. 깊은 산중에 들어가서 도를 닦으면 좋을것이오 장등시주와 의복시주를 많이 하면 재앙이 소멸하고 복록이 이르리라.
- 집 좌향은 임좌병향(壬坐丙向) 및 계좌정향(癸坐丁向)에 갑을문(甲乙門)이 길하고, 평생 동방이 불길하며, 삼재는 매 해 자축(亥子丑) 三년을 겪다가 인(寅)년에 벗어난다.
- 수한은 五十을 지나면 七十까지 누릴것이오 죽어서 명부에 들어가면 제三전 송제대왕 앞에 가서 심판을 받는데 죄악을 많이 범한 자는 한빙지옥에 들어가리라.

丁酉生 정유생은 전생에 범천국 선관으로써 선경에 노닐면서 주색방탕한 죄로 인간세상에 태어나게 되었느니라. 전생의 빚은 十만관이오 금강경은 四十八권인데 제二十九고의 민(閩)이란 조

관에게 빚을 바친다.

● 성품은 활살하고 원만하며 대인접물하는 재주가 능하고 처사가 주밀하다. 주색을 좋아하고 매양 잔 재주를 부리다가 도리어 실패하는 예가 많다. 매사를 시작할 때는 불 일어나듯 하나 끝이 좋지 못하다. 명예와 신의를 중히여기고 선행하면 길하리라.

● 부모의 세엄은 있더라도 인연이 없으니 고향을 떠나 살게 되면 의식이 풍족하리라 인(刃)살이 들어 면상에나 몸에 흉터가 없으면 크게 다치거나 수술함을 편치 못한다. 三十四·四十九세는 병액이 아니면 횡액과 관재구설이 두렵다. 성심으로 기도하면 무사하리라.

● 부부궁은 공방살이 들었으니 이별수가 아니면 양처를 거느릴 팔자요 자식은 많이 두나 효도하는 아들이 없다. 장등시주와 의복시주를 많이 하고 조상을 잘 천도하라 부부해로 하고

자식은 효도할 것이며 부귀영화를 누리리라.
● 집 좌향은 진좌술향(辰坐戌向) 및 축좌미향(丑坐未向)에 사오문(巳午門)이 대길하고, 평생 동방이 불리하며, 삼재는 해 자축(亥子丑) 삼년간 들다가 인(寅)년에 벗어난다.
● 수한은 五十七세를 넘기면 八十까지 누릴것이오 죽어서 명부에 들어가면 제七전 태산대왕 앞에 가서 심판을 받는데 살아서 악행종사 많이 하였으면 최마지옥에 갇히리라.

己酉生 기유년에 출생한자는 전생에 범천국 옥도성군으로써 불법승(佛法僧) 삼보를 비방한 죄로 범천왕에게 벌을 받아 금세에 탄생하였느니라. 전생의 빗은 九만관이오 금강경은 二十九 권인데 제三十二고의 손(孫)이란 조관에게 빗을 바친다.
● 성품은 굽하나 다정하고 유순하며 재주 있고 총명하다 또는 활발하고도 주밀하며 교제가 민첩하고 대인접물에 능하다. 그러

나 도량이 좁아 사소한 일에도 질투를 부리거나 성질을 부리는 경향이 있으니 주의하라. 명예와 신의를 중히여기고 선을 행하면 길하리라.

● 부모의 유산은 넉넉하나 실패수가 많다. 초년은 곤액이 있고 중년부터 차츰 나아지리라. 얼굴이나 수족에 흉이 있을것이오 고향을 떠나 자주 이사하며 사는 팔자로다. 二十七·三十四·三十九·四十九세에 신병의 액이 두려우며 평생을 통하여 횡액과 구설수가 따른다. 문무겸전하고 처사가 공정하니 관록을 먹게 된다 만일 벼슬을 못하면 도리어 신세가 하천하리라.

● 부부궁은 처첩을 거느리지 아니하면 공방수를 면치 못할 것이오 자궁은 四·五형제나 허실이 많도다. 항상 마음을 바르게 하고 성심으로 수도하며 자주 조왕제를 지내고 조상을 잘 천도하라. 노래와 여색을 좋아하다가 실패수 있으리니 조심하라.

● 집 좌향은 미좌축향(未坐丑向) 및 간좌곤향(艮坐坤向)에 병오문(丙午門)이 대길하고, 평생 동방이 불길하며, 삼재는 해자축(亥子丑) 삼년간 들다가 인(寅)년에 벗어난다.
● 천정수명은 六十五세를 넘기면 七十八세까지 살것이오 죽어서는 제八전 평등대왕과 추해지옥에 매이리라.

辛酉生 신유생은 전생에 범천국 선관으로써 선경에 유희하다가 범천왕에게 죄를 짓고 금세에 갱생하였느니라. 전생의 빗은 三만七천관이오 금강경은 十三권인데 제十五고의 정(丁)이란 조관에게 빗을 바친다.

● 성품은 급하나 유순하고 후덕하며 다정하다. 승벽심이 많고 무슨 일이든지 잘 처리하며 사물에 대한 이치가 밝다. 혹은 적은 재주를 믿고 헛된 일을 하다가 자기 몸을 그르치는 수도 많다. 명예를 중히 여기고 의리를 지키면 실하리라.

● 인살(刃殺)이 들어 얼굴이나 수족에 흉터가 있을것이오 부모의 세업은 많을지라도 실패가 많다. 의식걱정은 없으나 초년고생이 심하고, 매사에 시작할때는 푸짐하나 결말은 흐지부지하기가 일쑤이다. 三十三과 四十九세는 병액을 조심하라. 고향은 불리하니 수차 자리를 옮겨 살 것이오 일시 풍파는 역시 타고난 운명이니 누구를 원망하랴, 문무를 잘 닦었으면 귀인이 와서 도화주리라.

● 부부간의 금슬이 부족하니 처첩을 거느리거나 바람을 심히 피울것이오 자중은 五六형제이나 효자가 없다. 조상을 위하여 불공을 많이 드려야만 가운이 왕성하고 무사태평 하리라.

● 집 좌향은 축좌미향(丑坐未向) 및 곤좌간향(坤坐艮向)에 오정문(午丁門)이 대결하고, 평생 동방이 불리하며, 삼재는 해자축(亥子丑) 삼년마다 든다.

● 수명은 六十五세를 넘기면 八十장수 할 것이오 죽어서 명부에 들어가면 제十전 오도전륜대왕에게 심판을 받는데 적악을 많이 한 자는 흑암지옥에 들어가리라.

十一, 술년생 (戌年生)

술년생은 갑술(甲戌)·병술(丙戌)·무술(戊戌)·경술(庚戌)·임술생(壬戌生)이니 즉 개띠를 총칭함이다. 이 술년생은 본신이 천구성군으로써 전생에 천상선관으로 있을때 잘못을 저질르고 상제께 벌을 받아 인간세상으로 쫓겨나게 되었느니라.

甲戌生 갑술생은 전생에 숙태국 사람인데 천상선관으로 있을 때 주색에 방탕하다가 상제께 문책받아 인간세상에 태어났다. 전

생의 빗은 二만五천관이오 금강경은 九천인데 제二十七고의 병(표)이란 조관에게 빗을 바친다.

● 성품은 용감하고 정직하며 거짓을 싫어한다. 의리를 숭상하고 굽히지 않는 굳센 정신이 있다. 사물에 격동을 잘 하므로 금시 성냈다가 금시 풀어지는데 혹 자기의 성격에 맞지 않으면 선악을 불구하고 참지못하는 수도 있다. 박정한 때가 많고 색정을 좋아한다. 여색을 삼가하고 부지런하면 길하리라.

● 부모의 세염은 지키지 못할것이오 고향을 떠나 타관살이 할 운이로다. 초년은 고기가 얕은 물에 노는 격이오 중문은 우물고기가 바다로 나가는 격이니라. 글공부를 하였으면 이름을 사해에 떨친다 신용도 밝고 수완도 좋으니 능히 천금을 희롱한다. 十五、二十三、四十七세는 병액이 아니면 관재수가 있으니 조심하라.

● 처궁은 살이 있으니 초혼보다 재취가 좋고 자식은 二·三자

있더라도 一자종신할 운이로다. 여러 절에 가서 불공과 산신기도를 지성으로 하고 장등시주와 가사시주를 많이하면 대길하리라.

● 집 좌향은 병좌임향(丙坐壬向)·오좌자향(午坐子向)에 인갑문(寅甲門)이 대길하고 평생 서방이 불리하며, 삼재는 신유술(申酉戌) 삼년간 들어 해(亥)년에 벗어난다.

● 수명은 八十가까이 누릴것이오 죽어서 명부에 들어가면 제一전 진광대왕 앞에가서 심판을 받는데 생전에 적악을 많이 한자는 도산지옥에서 고초를 받다가 짐승으로 태어나리라.

丙戌生 병술년에 태어난 사람은 전생에 천구성군으로써 천상세계에서 주색방탕하다가 상제의 명으로 인간세상에 적강하게 되었느니라. 전생의 빗은 八만관이오 금강경은 二十五권인데 제 三十五고의 좌(초)찌라는 조판에게 바친다.

● 성품은 불같이 급하나 청렴정직 하고 쾌활하며, 특히 거짓

을 싫어하고 의리를 숭상하며 여간해서 굽히지 아니하는 강한 성질을 가지고 있다. 그러나 한편 도량이 넓지못하여 자기 뜻에 맞지 않으면 시비선악을 불구하고 참지 아니한다.

● 부모의 세업은 바라지 말고 자수성가 하도록 노력하라. 일찍 학문을 닦었으면 사회에 이름을 떨칠것이오 불연이면 상업에 종사하여야 대길하리라. 十五·三十三·四十七세에 신병이 아니면 횡액과 관재수를 주의하라. 목성(木姓)을 가까이하면 손재수 있고 진생(辰生)을 사귀면 신액을 당한다. 살생을 하지 말고 여색을 삼가하고 부지런히 노력하라 의식이 풍족하리라.

● 부부궁은 살이 있으니 이별수가 두렵고 자궁은 四·五형제나 二자종신할 운이로다. 산 물고기를 많이 사서 물에 방생(放生)하고 또는 용왕님께 치성하라 모든 액이 자연히 소멸되리라.

● 집 좌향은 오좌자향(午坐子向)·정좌계향(丁坐癸向)에 을

손문(乙巽門)이 대길하고 평생 북방이 불길하며, 삼재는 신(申)년부터 유술(酉戌)년까지 삼년간 든다.

● 수한은 七十一세가 정명이오 죽어서 명부에 들어가면 제三전 송제대왕에게 심판을 받는데 나쁜 죄를 많이 지은자는 한빙지옥에 들어가 벌을 받으리라.

戊戌生 무술년에 출생한 사람은 전생에 천상의 천구성군으로써 상제에게 득죄하고 인간세상에 탄생하였느니라. 전생의 빗은 四만관이오 금강경은 十四천인데 제三十六고의 보(普)라는 조관에게 빗을 바친다.

● 성품은 불같이 급하여 비위에 거슬리면 참지 못하고 마음 내키는데로 하는 성질이며 청렴하고 정직하여 거짓을 모른다. 의리를 숭상하고 남에게 굽히지 아니하는 강건한 마음이 있으나 한편 도량이 좁은 편이고 또 박정할 때가 있다. 특히 여색을

탐하는 사람이다.

● 부모의 세업은 지키지 못할 것이오 동기간에도 정이 없도다 초년의 운수는 고기가 얕은 물에 노는 격이니 곤액이 있다 사방에 출입하며 상업에 종사하였으면 이익이 늘어 의식이 풍족하리라. 十五, 二十三, 四十七세에 신액과 관재수요 화재수도 있으리라. 친구를 사귀되 목성을 가까이 마라 손해가 미치리라.

● 부부궁은 이별수가 아니면 금슬이 불화하리니 부부화합부를 지녀라. 자궁은 二, 三형제라 하나 一자 종신하리라. 고향은 불리하니 타향이 좋다. 명산대찰에 찾아가서 지성으로 치성하고 선심으로 남을 도와주라. 그리하면 예술로 성공하거나 문무 겸전하여 관록도 먹으리라.

● 집 좌향은 곤좌간향(坤坐艮向) 및 축좌미향(丑坐未向)에 곤축문(坤丑門)이 대길하고 평생 북방이 불길하며, 삼재는 신

유술 (申酉戌) 삼년간 든다.

● 수한은 五十五세가 액년이오 이때를 지나면 七十三세까지 살게 되며 죽어서 명부에 들어가면 제七전 태산대왕 앞에 가서 심판을 받고 죄악이 많은자는 최마지옥에 들어가리라.

庚戌生 경술년에 출생한자는 전생에 천상의 천구성군인바 상제에게 득죄하고 이 세상에 태어나게 되었느니라. 전생의 빚은 十一만관이오 금강경은 三十五권인데 제二고의 신(辛)이란 조관에게 빚을 바친다.

● 성품은 급하기가 불꽃같으나 곧 풀어지며, 위인이 용감하고 정직하다. 의리를 중히여기고 남에게 굽히기를 싫어하며 도량이 좁은 편이어서 내 뜻에 맞지 않으면 선악과 곡직을 가리지 않고 참지못한다. 박정한 때도 없지 않으며 특히 여색을 탐하다가 실패를 보는 수도 있다.

- 부모의 유산은 바라지 마라. 문무를 닦었으면 부귀겸전할 것이요 혹은 예술로 성공한다. 그렇지 아니하면 부지런히 상업에 힘쓰라 사방에 이익이 많으리라. 고향은 불리하니 타향에 옮겨 살아야 성공이 빠르다. 十五·二十三·四十七세에 신병과 횡액을 조심하라 항상 괴로운 일로써 꿈자리가 산란하다. 목성(木姓)은 해로우니 사귀지 않는게 좋으리라.
- 처궁은 살이 있어서 중년에 이별하고 재취할 팔자요 자궁은 二·三형제로되 一자종신하리라. 해마다 산신기도를 많이하고 불전치성과 삼보전에 공양하고 의복시주를 많이하면 복록이 무궁하리라.
- 집 좌향은 축좌미향(丑坐未向) 및 건좌손향(乾坐巽向)에 진간문(辰艮門)이 대길하고, 평생 북방이 불길하며, 삼재는 신유술(申酉戌) 삼년간 겪게 된다.

● 수명은 七十五세 정명이오 죽어서 명부에 들어가면 제八전 평등대왕에게 심판을 받는데 죄인은 추해지옥에 갇히리라.

壬戌生 임술년에 출생한자는 전생에 천상의 천구성군으로 보시를 반대한 죄로 상제에게 벌을 받아 이 세상에 태어났느니라. 전생의 빚은 七만三천관이오 금강경은 二十五천인데 제四고의 팽(烹)이란 조관에게 빚을 바친다.

● 이 사람은 풍채가 늠름하고, 성질은 급하며 용감하고 정직하다. 거짓을 싫어하고 의리를 중히여기며 남에게 잘 굴하지 아니한다. 또는 두뇌가 명민하고 담대하며 자비자선의 뜻이 깊고 윗사람을 공경할 줄 안다. 그러나 여색을 탐하고 몹시 박정한 때도 있으며 내 비위에 거슬리면 누구여하를 가리지 않고 덤벼드는 무서운 성질이다.

● 부모의 유산은 적고 형제간에 우애가 없다. 고향은 불리

하니 타향으로 나가야 성공할 것이오 사업을 경영하였으면 이익이 사방에 있으리라. 화재수와 병액이 따르니 조심하고 친구를 사귀되 복성(木姓)은 가까이마라 그리고 남의 말을 너무믿지 마라 귀에 듣기는 달콤하나 결과는 쓴 잔을 마시리라.

● 부부궁은 금슬이 나쁘거나 재취할 팔자요 자궁은 二남 一녀를 두나 一자종신 하리라. 좋은 일을 많이 하고 가사시주와 장등시주를 많이하라. 여색을 삼가하고 부지런히 노력하면 처음은 곤란하나 중년 이후로는 의식걱정이 없으리라.

● 집 좌향은 유좌묘향(酉坐卯向) 및 건좌손향(乾坐巽向)에 해계문(亥癸門)이 대길하고 평생 북방이 불길하며, 삼재는 신유술(申酉戌) 삼년간을 치르게 된다.

● 평생 수명은 七十五세가 한명이오 죽어서 명부에 들어가면 제十전 오도전륜대왕 앞에 가서 심판을 받는데 살았을때 악행

十二. 해년생 (亥年生)

해년생은 을해(乙亥)·정해(丁亥)·기해(己亥)·신해(辛亥)·계해생(癸亥生)을 총칭함이니 즉 돼지띠를 말한다. 이 해년에 출생한 자는 전생에서 천상의 근벽성군이 본신인바 천상에 있을때 죄를 짓고 옥황상제의 미움을 받아 인간세계로 쫓겨났느니라.

乙亥生 을해생은 전생에 숙원국 선관인데 주색에 방탕하다가 공금을 낭비한 죄로 상제에게 벌을 받아 인간세상에 태어나게 되었느니라. 전생의 빚은 四만八천관이오 금강경은 十六권인데 제四十二고의 성(成)이란 조관에게 빚을 바친다.

을 많이 범한자는 흑암지옥으로 들어가리라.

● 성품은 유순하고 의협심이 많으며 의리를 숭상하고 남을 원망하지 아니한다. 겸손하고 자선심도 있으나 간혹 고집을 부리면 남의 말을 듣지 않는 경향이 있고, 유순한 반면에 불평과 탄식을 잘한다. 그리고 생활력이 강하여 자수성가 하게 되리라.

● 부모와 형제간의 정이 없으니 각각 흩어져서 살 것이오 갈수록 운수가 열려서 금옥이 만당하니 의식이 유여하리라. 관록운이 있으니 소년등과 하면 일신이 태평할 것이오 불연이면 신세 곤궁하고 횡액도 따르리라. 중병을 한차례 치르고야 고생 끝에 영화가 있다. 평생에 의식걱정은 없으나 한번 실패수 있도다. 三0이 지나면 성공의 문이 열리리라, 일생을 두고 사오생(巳午生)을 조심하라.

● 부부궁은 초년풍파 있고 자궁은 五·六형제이나 부모와 따로 사는게 좋으리라. 불연이면 부부 이별수가 두렵도다. 집안에 원

커가 침입하여 매사를 훼방하고 근심걱정이 떠나지 않으리니 관음기도를 많이 하고 원혼귀를 천도시켜 주면 좋으리라.

● 집 좌향은 임좌병향(壬坐丙向) 및 자좌오향(子坐午向)에 신손문(辛巽門)이 대길하고, 평생 동방이 불길하며, 삼재는 사오미(巳午未) 삼년간 든다.

● 수명은 六十四세를 지나면 구십까지 상수할 것이오 죽어서 명부에 들어서면 제一전 진광대왕 앞에 가서 심판을 받는데 죄업을 많이 지은자는 도산지옥에 들어가 고초를 받으리라.

丁亥生 정해년에 출생한자는 전생에 수원국 선관으로서 상제에게 죄를 짓고 인간세상에 태어났느니라. 전생의 빗은 三만 九천관이오 금강경은 十三권인데 제四十五고의 길(곰)이란 조관에게 빗을 바친다.

● 성품은 순하고 착하며 장부다운 기상이 있다. 때로는 급하

기도 하고 고집도 있으나 특히 인정이 많고 신의를 잘 지키며 군자의 풍모가 있다. 그리고 또 겸양지심이 있고 의협심이 있어 남을 잘 도와주며 왠만한 일에는 원망과 불평을 품지 아니한다.

● 일찍 부모곁을 떠나 타향에서 살아야 성공이 빠르리라. 평생에 의식걱정은 없으나 한번 낭패수는 면키 어렵다. 초·년과 중년의 운은 한때 신병으로 고생하다가 차츰 좋은 운으로 접어 들어 말분에 이르면 부귀영화를 누리며 태평히 지내리라. 선배의 도움을 받아 크게 성공할 운이 있으나 성심이 모자라고 고집이 세어 도움이 늦어진다. 만약 소년에 등과하면 몸은 비록 영귀하나 수명은 짧으리라.

● 부부간의 정은 좋은편이 아니며 만일 조혼을 하였다면 이별수가 두렵다. 자궁은 二·三자를 낳으나 실패가 있으리라. 조상

을 잘 위하고 불전에 치성하라. 평생 의식이 구족하고 금옥이 만당하려니와 불연이면 궁핍을 면치 못하리라.

● 집 좌향은 갑좌경향(甲坐庚向) 및 을좌신향(乙坐辛向)에 오정문(수丁門)이 대길하고 평생 서방이 불길하며 삼재는 언제나 사오미(巳午未) 삼년마다 든다.

● 六十二세를 무사히 넘기면 九十까지 수를 누릴것이오 죽어서 명부에 가면 제三전 송제대왕 앞에서 심판을 받는데 생전에 적악을 많이 하였으면 한방지옥에 들어가리라.

己亥生 기해생은 전생에 숙원국 선관으로서 옥심을 많이 부린 죄로 상제에게 벌을 받아 이 세상에 태어났느니라. 전생의 빚은 七만二천관이오 금강경은 二十五권인데 제五十五고의 정(구)이란 조관에게 빚을 바친다.

● 위인이 총명하고 재주있으며 특히 발명하는 머리가 뛰어난

다. 성품은 급하고 의협심이 많으며 인자해 보이나 사람에 따라서는 불순불효하는 마음도 없지 않다. 뿐만 아니라 아주 사소한 일에도 질투를 하다가 시비 언쟁이 생겨 괜한 미움을 받는 수도 있다. 그러나 의리를 숭상하고 자선심과 의협심이 있으며 또한 겸양하는 미덕이 있고 맡은 일을 불평없이 착실히 해낸다.

● 부모의 덕이 없다 고로 일찍 부모를 여의거나 남의 부모를 섬실 팔자로다. 초년의 운은 걸흉이 상반이다. 소년에 들과 하여 관록을 먹겠으나 신병의 액이 있어서 고생도 하리라 일생을 두고 의식걱정은 없을 것이오 한번 크게 실패수가 있어 파산하는 지경까지 이른다. 그렇지 아니하면 신병으로 크게 고통을 받으리라 평생에 사오년, 巳午年과 사오생을 주의하라 해가 있으리라.

● 부부궁은 해로하기 어렵고 자궁은 二·三형제 운이로되 액살이 들었도다. 봄에 벽온부를 지니고 걸인들에게 의복시주를 많이 하

고 명산고찰에 찾아가서 장등시주를 하여 불을 밝혀주라. 염불소리가 그치지 않도록 하면 액을 소멸하리라.

● 집 좌향은 신좌을향、후좌乙向) 및 신좌인향(申坐寅向)에 자계문(子癸門)이 대길하고 평생 서방이 불길하며, 삼재는 사오미(巳午未) 三년마다 껴게 된다.

● 수명은 六十七세를 지나면 八十九세까지 누릴것이오 죽어서 명부에 들어가면 제七전 태산대왕에게 심판을 받는데 죄업을 많이 쌓은자는 최마지옥에 들어가 고초를 받으리라.

후亥生 신해년에 출생한자는 전생에 수원국 범사승의 신분으로 十만一천관이오 금강경은 四五권인데 제四十고의 석(石)이란 조관에게 빗을 바치게 된다.

● 성품은 급하고 욕심이 많으나 어질고 효성이 지극하다.

결단력이 빠른 반면에 남의 말을 듣지 않는 성질이고 의협심이 많고 의리를 숭상하며, 남을 탓하거나 원망하는 마음이 없고 자선심과 겸양심이 많은 사람이다.

● 부모의 덕이 적고 정도 없으매 부모곁을 떠나 살 수로다. 초년의 운은 길흉이 상반이오 곤액과 횡액이 있으니 조심하라. 자수성가 할 사주로되 초년 중년에 곤관을 겪다가 차츰 발복하여 의식이 족족하게 살으리라. 일찍 학문을 닦었으면 소년등과 할 수로다. 사오생(巳午生)과 사오년은 불리하니 주의하라.

● 부부의 금슬은 꽃을 탐하는 봉접이로되 광풍이 두렵도다 즉 금슬은 좋으나 이별수가 두렵고 자궁은 六·七형제라도 둘 수 있으나 액살이 들어 동서사방에 흩어져살게 되리라. 만약 쳐자와 이별수가 아니면 중병을 얻게 되고 그렇지 않으면 일차 파산 지경에 이르리라. 부처님께 발원하고 경전시주를 많이 할 것이며 자

신이 독경하고 또 걸인에게 의복시주를 많이 하면 부부간에 이별 없이 해로하고 자손의 근심도 없으리라.

● 집 좌향은 유좌묘향(酉坐卯向)및 건좌손향(乾坐巽向)에 신간문(申艮門)이 대길하고 평생 서방이 불길하며 삼재는 언제나 사오미(巳午未) 삼년마다 든다.

● 수한은 九十가까이 누릴것이오 죽어서 명부에 들어가면 제八전 평등대왕 앞에 가서 심판을 받는데 살아서 못된짓만 종사한 자는 추해지옥에 들어가리라.

癸亥生 계해년에 출생한자는 전생에 수원국 불제자로서 부처님의 경전을 얻어가지고서도 읽지 않고 더럽힌 죄로 상제에게 벌을 받아 이 세상에 태어났느니라. 전생의 빚은 七만二천관이오 금강경은 二十四천인데 제 四十五고의 구(仇)라는 조관에게 빚을 바쳐게 된다.

● 성품은 금하고 욕심이 많으며 용맹하고 강직하여 남에게 굽이지 아니한다. 정직하고 명예를 존중하며 잘못을 깨달으면 즉시 이를 고치는 장점이 있다. 뿐 아니라 의협심도 강하여 누구를 돕겠다고 마음먹으면 손해를 보면서도 힘써 도와준다. 총명하여 소년등과 할 인물이나 어떤 때는 욕심을 부리다가 실패한다

● 부모의 덕은 적을것이오 형제는 많으나 사방으로 흩어져 살으리라. 신병의 액으로 초중년에 곤고가 있겠으나 차츰 나아가고 말년에 들면서는 일신도 영달하여 무궁한 복록을 누리리라.

● 부부궁은 금슬이 불화하거나 이별수가 있고 자궁은 액살이 들었으니 예방하여야 二·三자 영키할 것이오 불연이면 부모와 별거하여야 액을 면하리라. 六十세에 신병의 액이 두렵다. 성심으로 적선하고 칠성에 자주 치성할 것이며 의복시주와 장등

평생 사오년(巳午年)과 사오생을 주의하라.

시주를 많이하면 모든 액을 면하리라.

● 집 좌향은 유좌묘향(酉坐卯向) 및 건좌손향(乾坐巽向)에 다 임자방(壬子方)으로 출입문을 내고 살면 만사형통할 것이오 평생 서방(西方)이 불리하며 삼재는 항시 사오미년에 드느니라.

● 수한은 六十세를 지나면 九十까지 장수할 것이오 죽어서 명부에 들어가면 제십전 오도전륜대왕에게 심판을 받는데 살아서 적악을 많이 한 사람은 흑암지옥에 들어가리라.

불설전생록 끝

금 생 록 (今生錄)

1、생월운 (生月運)

[正月生] 정월생은 천재(天財)가 들어 귀인의 도움이 있다. 운수는 아침에 돋는 해와 같이 일어나지만 바라는 바가 분수에 지나쳐서 일이 마음과 같지 못하다. 친절하고 인간구제하기를 좋아하므로 사람들의 신망을 얻어 사방에서 일이 성취되어 부귀태평하고 일생중 큰 곤난은 받지 않는다. 十二·二十一·三十一·四十一·五十一·六十一세가 되는 해는 해마다 七월을 조심하라.

[二月生] ● 相貌端正是前緣 早年衣祿自安然、高人接引常遇恩 夫婦團圓過百年、

이월생은 운수 평평하나 대체로 뜻대로 되는 일이 적다.

그러나 사람이 상상치 못할 일로 인하여 만인을 놀라게도 한다. 여인과는 교제가 능하고 잘 화합하나 일가친척과는 불화하고, 육친과 이별하고 타향에서 살 팔자로다. 성질은 겉으로는 좋은체 해도 내심은 좋지못한 점이 많다. 한편 사리를 잘 가려 때쪽을 쪼갠것처럼 분명하기도 하다. 소망도 대개 성취하나 실패보는 일이 적지 않다. 四十세부터 재산을 모이기 시작하여 차차 안락해지라. 매년 二월과 十二월은 액달이니 주의하라.

● 平生良善自己知 衣祿增榮威有餘 錢財家業中年好 高人提起上雲梯

三月生 삼월생은 초목이 봄을 만나 싹을 발하는 것 같이 액운이다 가고 길운이 돌아오는 격이라. 성질이 곱고 너그러우며 타인의 신망을 얻어서 입신양명하여 선조의 이름까지 드날리리라. 그러나 사치함을 즐겨 실패하기 쉬우리니 화려한 것을 멀리하고 검소한 마음을 가지면 더욱 창성하다. 중년부터 점차 비쳐오니 四

세 이후로 만사여의 하리라. 三十세와 四十은 六월을 조심하라.

● 爲人心性自寬厚 平生招得四方財 一日時來當發跡 猶如枯樹遇春來

四月生 사월생은 마음이 후하고 교제가 능한고로 사방에 귀인이 있다. 여색을 탐하여 여자로 인하여 항상 실패수 있으니 이점만 주의하면 일가 화목하고 만사여의 하리라. 부모의 유산이 없고 마음이 유약하여 큰 일을 성취하기는 어렵다. 한번에 천금을 벌겠다는 욕심으로 허탄한 일을 꾀하지 마라 매사를 분수것 행하면 가세가 안정된다 三十후부터 점차 운이 열릴것이오 四十五세를 지나면 일신이 안락하도다. 二十八세와 十月의 운수는 흥하니 조심하라.

● 管許一年勝一年 無須怨恨如憂煎 最宜持齊行方便 夫婦快樂和百年

五月生 오월생은 허황된짓을 즐기다가 대사를 그르치는 때가 많다. 무슨 일이든지 진실되게 행하면 운수는 그다지 불길하지 않

으니 일생중에 크게 성공하는 때가 있으리라. 성질은 온화하고 인의롭고 자선심이 많아 남을 구제하기를 좋아한다. 귀히 되어 뭇사람을 부릴것이오 남의 밑에 들지 아니한다. 다만 남을 위하여 내 몸을 돌아보지 않는고로 항상 신고가 많다. 만일 학업에 노력하면 문장으로 명성을 떨치거나 공명을 얻으리라. 三十八세부터 점점 길운이 들어 五十三세에 이르면 안락하게 세월을 보내나 매년 四月을 조심하라.

● 日出長遇見穫財 上人接人笑顔開 田園産業家豪富 榮華福壽步金階、

六月生 유월생은 천성이 영리하고 재지가 있어 만사에 능하나 허부(虛浮)한 마음이 있어 마땅히 성림될 일도 실패를 본다. 매사를 명백히 처리하므로 인망이 있으나 성질이 급해서 망신도 당한다. 부모의 업은 지키지 못할것이오 자수성가 하여 재산을 모이지만 오래 지탱하지 못하리라. 성급하게 서둘르거나 허황

된 일을 경영하지 마라 이것만 주의하면 길하다. 남을 잘 다루는 수단이 있으니 스스로 하지 말고 남을 시키면 성공하리라. 三十一세부터 점점 길운이 돌아올 것이오 三十六세와 매년 三月을 조심하라.

● 一生衣祿自然康 爲人顯達有文章 三秋快樂家豪富 夫婦同居松栢長

七月生 칠월생은 자비심이 있으면서도 욕심때문에 자선은 하지 못한다. 일마다 꼼꼼하게 다루지만 자기 마음대로만 하려는 성질이어서 남에게 귀염을 받지 못한다. 매사에 남을 먼저 생각하면 길하다. 진실한 것 같으면서 실상은 놀기를 좋아하고 바람기가 심하여 이것때문에 가정풍파가 많으리니 주의하라. 二十八세에 좋은 사염과 가정의 기반을 세우지 않으며 때가 지나고, 四十二세의 액년을 조심할 것이며 매년 正月을 조심하라.

● 爲人一生不須憂 小少定心有根田 家宅田園宜主治 方知福祿不待求

[八月生] 팔월생은 성질이 튼튼하고 사람을 잘 알아보는 재간이 있는데 대인격은 아주 길하나 소인은 빈천하다. 남의 말을 잘 받아들이지 않는 성질이므로 혹 이미 사귀던 친분까지 끊어지고 의를 품는 수도 있다. 재주가 있어 한번 마음먹은 일은 어디까지 든지 진행하는 사람이나 중년에 신고가 많으나 三十五세를 지나면 차차 통달하여 만년에 안락하다. 매년 五월이 불길하다.

● 爲人端正貌堂堂 皆因前生性溫良 今生宜多行善事 自然福祿壽錦長

[九月生] 구월생은 성질이 지극히 원만한 편이오 적은 재주가 있으므로 사회에 등용되나 하는 일이 운이 부족하므로 한갓 마음힘만 소모한다. 초년에 호화스럽게 자란 사람이 많다. 중년부터는 대단히 힘겨운 생애를 보내는바 二十五세부터 三十五세까지 十년간에 특히 신고가 많으리라. 그러나 금전에는 인연이 있으며 교제가 능하고 임기응변하는 재간이 있으므로 의식은 궁색하지

앓다. 삼십을 지나서부터 운이 열리면서 三十九세에 성공하리라. 매년 九월이 불길하니 주의하라.

● 此人生後得大財 錢財日益又送來 八字好星家豪富 衣祿自然稱心懷

十月生 시월생은 성질이 명랑하고 상하므로 남에게 뒤지기 싫어한다. 고로 좋은 인상을 받지 못하나 진실하기는 비할데 없으므로 운수가 좋은 편이오 자신에도 유익함이 많다. 그리고 또 다소 인색한 편이므로 좋은 말은 듣지 못한다. 자기가 좋은 일이면 남이야 어떻든 상관않는 성질도 있다. 이 같은 점만 주의하면 더욱 신용이 있으며 운수도 더욱 나아져서 만사여의하리라. 四十을 지나면 실패가 없을것이오 四十세와 매년 三월을 조심하라.

● 爲人年年慶豊餘 免得災殃及其身 更宜時齊行善事 一生衣祿勝三春

十一月生 동짓달생은 성품이 급하고 편협하여 실패가 많다. 그러나 남보다 먼저 깨닫는 지혜가 있어 인망이 자자하다. 다만 자

기 일은 깊히 생각지 않거나 치지도외하여 집안에서 불행이 적지 않으니 집안일에 신경만 쓰면 가정이 화합하리라. 초년운은 더디게 이루어지나 선악간에 큰 걱정은 없을것이오 중년에 이르러 한번 신고를 겪은후 말년이 되면 대길하다. 三十八세부터 운이 돌아오니 열심히 활동하라 의식주의 근심이 없으리라. 매년 四월과 十一월은 불길하니 조심하라.

● 自宜早年立成家 生平衣祿有榮華 親戚兄弟全無分 交結好友勝有地

十二月生 섣달생은 평생을 아무렇지 아니한 일에도 이러면 좋을가 저러면 좋을가 하고 근심을 잘 하는 성질이다. 정직하고 진실되어 산사함이 없으나 평생 잘 되는 일이 적다. 남의 일도 내 일처럼 근심하여 어렵게 모은 재물도 남의 일에 많이 쓰여진다. 또는 색정을 좋아하므로써 낭비를 많이 한다. 말년에 부귀득명 할 것이오 十二세와 四十六세 되는 해와 매년 六월과 十二월은 불

● 初張動勞受苦身　自然末後不求人　好運來時享福祿　夫婦和樂壽百春

길하니 주의하라.

二、생일운 (生日運)

初一·初七·十三·十九·二十五日生 위 날자에 출생한자는 금전쓰기에 부족함이 없고 귀인의 도움이 있다. 남녀를 막론하고 유복한 명이오 부모와의 인연이 길다. 十九·二十五세는 신상에 영화가 있다.

初二·初八·十四·二十·二十六日生 위 날자에 출생한자는 지식이 풍부하여 만인을 이끌만한 기국이 있다. 그러나 부모와의 인연이 적으며 초년의 신고가 많고 중년에 운이 열린다. 다만 남의 도움을 받지 못하는 것이 안타깝다. 二十二세와 三十三세는 성공운이 있으리라.

初三·初九·十五·二十一·二十七日生 위 날자에 출생한 사람은 가내가

가 화합하고 운이 대길하다. 부분간에 생이사별 수가 있으나 이로 인하여 패가하지는 않으리라. 초년의 곤고가 있을것이오 말년은 점차 길해진다. 특히 四十세와 四十五세는 일생중 운이 가장 길하리라.

初四·初十·十六·二十二·二十八日生 위 날자에 출생한자는 학문을 즐겨하나 재주름이 둔하여 큰 학자는 되기 어렵다. 손재주가 있으리니 기술을 배워 생애하면 성공하리라. 운세가 평평하니 재물도 궁하지 않다. 그러나 조업이 있으면 三十전후에 재산이 줄어진다 三十七세부터라야 길하리라.

初五·十一·十七·二十三·二十九日生 위 날자에 출생한자는 지식이 넉넉하고 결판성이 있어 학자·실업가를 막론하고 다 성공한다. 친척간의 덕이 없으나 의식에는 군색함이 없다. 二十四세와 三十六세의 운은 의외의 득재하고 관직도 영전되며 집안에 경사 이르리라.

初六·十二·十八·二十四·三十日生 위 날자에 출생한자는 지혜와 기력이 있다. 학문에 노력하면 학자로 명성을 떨칠것이오 또 만사에 상식이 풍부하리라. 성품은 활발하고 강직하며 사물의 이치에 밝다 일생 운이 순조로우니 초년부터 노래까지 심한 고생은 없으리라 특히 三十八세 이후는 입신양명 하게 된다.

三, 생 시 운 (生時運)

子時生 자시에 난 사람은 마음이 일정치 못하며, 내 마음대로 하기를 좋아하고 고향을 이별한다. 十·十三·十八·三十六·四十六·五十八는 실패수와 신병이 있으니 주의하라. 여자는 혹 화류계가 되기 쉽다. 불전에 치성하고 선심적덕 하면 길하도다. 자시초(子初)에 난 사람은 부선망(父先亡)하고 자시말(子末)에 난 사람은 모선망(母先亡)하리라.

[丑時生] 축시에 난 사람은 부모와의 인연이 박하다. 사사에 주의가 깊고 운수도 순탄하여 대소사간에 성취가 잘 된다. 十九·二十六·三十一·四十七세를 주의하라 七十三세는 대액이 있다. 지혜가 있으니 문학에 힘쓰면 성공하리라. 축시초(丑初)에 난 사람은 부선망수요 축시말(丑未)에 난 사람은 모선망 한다. 칠성에 지성으로 기도하면 대길하리라.

[寅時生] 인시에 난 사람은 성품이 급하고 강하며 육친의 덕이 박하다. 초년은 신고가 많으나 청년시대부터 운이 열려 말년까지 지속된다. 二十六·二十九·三十三·三十九·四十六·六十九세는 질병이 따르고 실패수가 있으니 조심하라. 인시초에 난 사람은 부선망하고 인시말에 난 사람은 모선망한다. 불전에 치성하고 선심적덕 하라 출가하여 중이 되면 더욱 좋으리라

[卯時生] 묘시에 난 사람은 부자(父子)간에 인연이 박하다. 여인

교제가 능하고 사람들에게 신용도 얻는다. 초년과 중년은 매사에 여의치 못하나 말년은 길하여 안락하게 지내리라. 十六·二十七·七十二세 운은 큰 액이 있으리니 주의하라. 묘시 초에 나면 모선망 하고 묘시 말에 나면 부선망하리라. 불전에 치성하라.

辰時生 진시에 난 사람은 성질이 강하고 고집이 세어 남의 말을 잘 받아들이지 아니한다. 때문에 처자와도 불화하다. 그러나 경영하는 일에는 그게 성취하리라. 三十세 이후는 주의하지 않으면 실패가 많고 十七·二十七·三十四·三十九세는 흉액이 있다. 진시 초에 나면 부선망 하고 진시 말에 난 사람은 모선망하리라.

巳時生 사시생은 재주가 있으며 운수도 길하여 만사여의 하나 의식에 궁색함이 없다. 만인에게 중히 여김을 받을 것이오 재산 오 넉넉하나 형제간에는 인연이 박하다. 三十一·三十五·四十七세는 큰 액이 있으리니 주의하라. 사시초에 난 사람은 모선망 하고

사시 말에 난 사람은 부선망하리라. 불전에 성심으로 공양하라

午時生 오시에 난 사람은 사치스럽고 번화한 것을 좋아한다. 의협심이 많아 남의 어려움을 잘 돌봐주고, 무슨 일에나 자주 개혁을 잘 한다. 여색만 주의하면 큰 실패수는 없으리라. 三十一세 이후는 더욱 길하나 다만 十三·三十二·四十四세는 액년이로다. 오시 초에 난 사람은 부선망하고 오시 말에 난 사람은 모선망수로다. 부처님을 조성하고 불경을 만들어 남에게 권하면 대길하리라.

未時生 미시에 난 사람은 부모를 일찍 이별하거나 편친슬하에 자랄것이오 부부의 인연도 박하여 신고가 많다. 중년까지는 근심이 많으나 三十八세부터는 재물이 족하고 일신이 안락하다. 육십세 전후는 떠오르는 햇빛쳐럼 찬란하고 영화롭도다. 十五·二十五·四十七세는 액년이니 주의하라. 미시 초에 나면 부선망운이오 미시 말에 난 사람은 모선망하리라 적선하고 불전치성하면 길하다.

申時生 신시에 출생한자는 부모와의 인연이 박하나 의식주의 걱정은 없다 재주가 뛰어나나 병정하고 외관내심하리라. 十二·二十三 四세의 운은 재앙이 있다. 신시 초에 난 사람은 부선망하고 신시말에 난 사람은 모선망 할 운이로다. 항상 남에게 적선을 많이 하여야 복을 지키고 살으리라.

酉時生 유시에 출생한자는 성품이 유순하고 친절하며 생각이 깊다. 초년부터 중년까지는 비교적 여의치 못하나 四十을 지나면 차츰 길해지리라. 사치하는 마음을 버리면 평안하다. 二十二·二十八·三十九세는 재앙이 있으니 주의하라. 유시 초에 나면 부선망이오 유시 말에 난 사람은 모선망 할 운이로다. 방탕한 마음을 버리고 불전에 자주 치성하여야 길하리라.

戌時生 술시에 태어난자는 성품이 박정하고 참을성이 적다. 금의 곤란은 겪지 않으나 성패가 비상하다 초년부터 중년까지는 비교

적 안락하나 三十三세 이후로 신고가 있다. 三十五·四十八·五十七세는 흉액이 있으리니 주의하라. 술시 초에 난 사람은 부선망이오 술시 말에 난 자는 모선망한다. 삭발하고 수도하면 대길하리라.

[亥時生] 해시에 출생한자는 위인이 정직하고 자선심이 많다. 재산이 유여하여 의식주의 근심이 없으나 일신의 고독함은 면치 못하리라. 二十四세와 三十二세는 액년이로다. 해시 초에 난 사람은 부선망하고 해시 말에 난 사람은 모선망하리라. 지극한 정성으로 불전에 공을 많이 드리고 적적하여야 입신양명 하고 의식이 족족하리라.

산계 사주법 (算計四柱法)

이 법은 만세력을 놓고 생년간지(生年干支) 생월간지(生月干支) 생일간지(生日干支) 생시간지(生時干支)를 정한 다음 아래의 六十갑자표에서 년월일시에 해당하는 간지를 찾아 그 아래 기록된 숫자를 총합해서 해당되는 곳을 찾아본다.

甲子 一五○   乙丑 二九○   丙寅 二四○   丁卯 一五○   戊辰 二二○
己巳 一九○   庚午 二六○   辛未 二六○   壬申 二五○   癸酉 二五○
甲戌 三○○   乙亥 一四○   丙子 三二○   丁丑 一五○   戊寅 二一○
己卯 一五○   庚辰 二九○   辛巳 二四○   壬午 一六○   癸未 一九○
甲申 二一○   乙酉 一九○   丙戌 二一○   丁亥 一四○   戊子 二○○
己丑 一四○   庚寅 一四○   辛卯 一八○   壬辰 三三○   癸巳 一九○

甲午 二三〇

乙未 一九〇

丙申 二〇〇

丁酉 一四〇

戊戌 二五〇

己亥 一九〇

庚子 一四〇

辛丑 二五〇

壬寅 二四〇

癸卯 一八〇

甲辰 二三〇

乙巳 一七〇

丙午 一八〇

丁未 一六〇

戊申 二四〇

己酉 一八〇

庚戌 二一〇

辛亥 一四〇

壬子 一五〇

癸丑 一九〇

甲寅 二五〇

乙卯 一八〇

丙辰 二九〇

丁巳 一四〇

戊午 二三〇

己未 二八〇

庚申 二八〇

辛酉 一六〇

壬戌 二〇〇

癸亥 一四〇

가령 西紀 一九五八年 三月 二十一日 申時 출생이라면

戊戌(年) 二五〇 생년 戊戌이 二五〇이오 생월 丁巳(三月生이나 이미

丁巳(月) 一四〇 立夏가 지난 뒤라 四月에 해당 된다)가 一四〇이오 생

丙戌(日) 二一〇 일 丙戌이 二一〇이오 생시 丙申이 二〇〇이니 이 수를

丙申(時) 二〇〇 모두 합하면 八〇〇이 된다 고로

八〇〇에서 보면 된다. 페지(面)의

五六○

初年困耗命運虧 초년에 곤하니 운수가 쇠약하고
尋得之東又向西 동서에 분주하나 일신만 고달프고 얻는게 없다
鼎瓢當空朝不夕 재물이 바닥이 났으니 조석 끼니가 근심인데
時有傍人且克飢 때로 인근 사람이 굶주림을 구원해 주더라

五七○

生而落魄受孤單 이 세상에 태어나자 일신이 고단하니
苦薄衣衫任冷寒 괴롭고 박복하여 입은 옷이 춥고 차다
家無外穀與尺布 집에는 식량과 입을 옷이 궁핍하니
樂小怨大多艱難 즐거움보다 원망이 크매 간난시고가 많으리라

五八○

他鄉親戚相望知
可被傍人講是非
尋得十文去一貫
晨昏不脫强支侍

타향에서 부족간에 서로 바라보고 알지만
가히 옆 사람의 시비속에 말려든다
열가지 글을 찾아 얻으매 한 관의 돈을 버리고
몸이 천하여 남의 아랫사람 노릇을 벗지 못한다

五九○

凋葉風零財難管
箱裡常空積不滿
心中煩惱不曾閑
只是辟日長衫垂

세업은 흩날리는 낙엽이니 재산을 못 지키고
돈 지갑이 항상 비어 저금할 겨를이 없다
심중의 번민이 끊어질 날이 없으니
날이 밝기가 바쁘게 장삼을 입고 집을 나선다

六〇〇
胸中煩惱事難全　　가슴속의 번뇌 있고 매사에 실패를 당하나
一日不無憂慮心　　하루도 근심 걱정이 떠날 때가 없도다
欲把靑蚨强置積　　세업을 지키고자 온갖 노력을 다할지라도
耗散渾如焚紙錢　　자연히 흩어져 마치 종이 돈이 불타는 것 같다

六一〇
憂坐度日祿子子　　근심으로 날을 보내며 이 궁리 저 궁리하나
難靠親人獨自成　　친척의 도움이 없고 홀로 자수성가 한다
欲持上人祿可皎　　윗 사람을 붙들고 벼슬을 구하려 마라
嶽嶽近貴戲自成　　몸소 노력하면 스스로 작은 록은 얻으리라

六二〇

他鄉名立有資財 타향에서 성공하여 재산도 넉넉할 것이오
別境憂煎自己災 엉뚱한 곳에서 실패함은 스스로 만든 재앙이다
衣祿自榮勞用力 재물과 록이 영화로움은 수고하고 노력함이니
不爲誰背送將來 그 누가 가져오고 가져가는게 아니니라.

六三〇

家業風零財漸消 가업이 바람타나 재산이 점점 사라져서
縱有金銀守不守 비록 금은이 있으나 지키려해도 지키지 못한다
月下頻頻分散去 달빛아래 낙엽처럼 이리저리 흩어지니
用盡不來命裡招 재물을 다 쓰고 다시오지 않으니 운명소관이니라

六四〇

數中應主壽一高 운수가운데 주로 수명을 오래 누리고
行住他鄉身自詢 몸이 타향로 다니지만 자기 자신만 믿을뿐이라
保得上人毛領後 윗사람의 도움을 얻으나 오래 가지 못하니
吉星臨遂禍星霜 좋은 일 가운데 무서운 재앙이 있으니 조심하라

六五〇

數中財祿有臨時 운수가운데 재록이 때때로 임함이 있으니
難聚人間錢滿滿 인간들이 모이기 어렵다는 재물이 가득가득 하다
努力成家方見盛 노력하면 성가해서 왕성함을 볼 것이오
傍觀講論事無成 다민 이론과 계획만 앞세우면 성취가 없으리라

六六〇

成家立業苦蹉跎　집을 이루고 업을 세우기가 여간 어려운게아니나
數招榮祿奈何如　운수가 영화로우면 또한 힘든 것도 아니다
尋得財來難得己　찾아 얻으면 모이기도 하고 얻지 못하기도 하니
有興有敗遇人扶　흥하고 패하는 가운데 귀인의 도움이 있으리라

六七〇

前程分定莫柱然　전정의 분수가 정해졌다고 고집하지 마라
交結虞花義不全　비록 인연을 맺었어도 정의가 좋지 않다
雖是富足難雖財　비록 부족한 것 같으나 재산은 모이기 어렵고
覓得舟来却失船　적은 것을 구하려다가 큰 것을 잃으리라

六八0

田家外業有餘財　전장과 가업이 족하고 재물도 넉넉하나

事作外華內苦哉　일에 걸은 화려하고 안은 피로움이 있다

命裡自招衣祿旺　운수가 자연 드이니 의록이 왕성하고

公門活計得和諧　공문에 출입하니 생활이 족하고 가정이 화목하다

六九0

此數之中可立身　이 수를 만난자는 입신하는 운명이니

近官近貴有奇名　벼슬도 가깝고 커도 가까운 기이한 명성이라

堪衣貴困儒林客　한때 벼슬을 얻지 못하여 곤궁한 선비가

功沁機關出象群　국가에 공을 세우고 영귀하게 되리라

七○○

快樂無憂日漸高 쾌락하고 근심없는 일이 갈쏘록 더하고
平地楚雲上九霄 평민의 신분으로 문득 고귀한 자리에 오른다
家門福祿財門望 집안에 복록이 이르고 재물도 가득하며
定取朱衣羔練袍 벼슬하여 몸에는 붉은 비단옷을 입으리라

七一○

數至清閑祿漸加 운수가 청한하고 재록이 점차 늘어나니
衣像駕鴦受碧荻 금의옥식 고루거각에 호화롭게 지내리라
中年平穩無凶禍 중년은 평온하여 흉액과 재앙이 없고
晚歲榮華祿自餘 말년은 영화로우니 의록이 쓰고 남으리라

七二〇

事業嶪々難靠親 사업은 튼튼하나 친척에게 의지하기 어려우니

榮求買賣踏紅塵 영화를 매매중에 구하려 이리저리 활동한다

他鄉名立人欲敬 타향에서 성공하여 사람들의 공경을 받으니

落得聲名遍地聞 인근에 그 이름이 널리 퍼지게 되리라

七三〇

秾重山高數不假 녹이 산처럼 중하고 높으니 운수가 참이다

機關深奧有誰知 기관이 심오함을 누가 알 사람 있으리오

財來財套終還聚 재물을 벌고자 재물을 쓰니 마침내 모여지고

運限榮華駿馬馳 운한이 이르르면 영화를 얻어 준마를 달리리라

七四〇

性高氣剛數不假　성품이 높고 기가 강하니 청고한 사람이오
田園縱有豈能長　비록 전원이 있으나 어찌 능히 오래 가랴
逍遙快樂雲外客　세상 풍진을 벗어나 소요함을 즐기니
蹭蹬之財空自消　근근히 모이고 모은 재산 자연히 없어지리라

七五〇

人眷千宮車馬足　출세하여 조정에 출입하니 거마가 갖추쐬지고
達戶榮家不領言　문호를 높히고 가문을 영화롭게 하리라
青雅無憂康泰樂　청아한 생애가 근심없이 쾌락을 누리고
自有經營接續錢　경영하는 일은 돈 꿰미가 계속 불어나리라

七六○

管軍求財分領難
六親無德渡淮橘
皆毋八字生成定
盡日愁眉不得歡

재물을 구하여도 얻기가 어렵고
육친이 무덕하니 고향을 떠나 분주하리라
길흉과 성패가 팔자소관이 아닌게 없으니
온 종일 찡그리고 있으나 기쁨을 얻지 못한다

七七○

此數之中最氣高
清明遠望福將招
小取成權應合頭
運通月影上仙鶴

이 운수는 운기가 가장 고강하니
청명한 날에 멀리서 복록을 불러온다
작은 뜻은 성취하여 권세를 누리게 되고
운이 통하여 한가롭고 태평히 세월하리라

七八○

豊衣足食自然有
宅舍興隆旺人口
快榮霄閑命所招
囊裡資財安分守

의식이 풍족하니 자연히 넉넉이 생기고
집안이 흥왕하고 인구도 번창한다
쾌락하고 한가롭게 영화를 누리고
분수를 지키면 항시 금전이 마르지 않으리라

七九○

橫裡珍珠瑪瑠金
憂愁恐怕外人侵
守己榮爲門首吉
成敗須求不心費

상자 속에 진귀한 보물을 감춰두고
도적이 침입할까 근심하고 두려워한다
자기의 직분을 지키면 영화로움이 떠나지 않으리니、성패를 구하되 마음이 편안하다。

八○○

家業須當用力成　부지런히 노력하면 가업이 성취되고
殷勤和順不憂貪　집안이 화순하니 가난의 근심이 없도다
牛馬田庄人口旺　우마와 전장과 인구가 왕성하며
敗易順將小留停　간혹 성패수 있으나 잠시간의 일이로다

八一○

數來清高主賢妻　인품이 청고하니 어진 아내를 얻을 것이오
錢財多聚有時餘　돈과 재물을 많이 모아 쓰고 남음이 있으리라
須藏室物人侵取　모름지기 보물을 잘 간수하라 남이 침범한다
意外交家當自知　불연이면 가세가 한번 뒤집히게 되리라

八二〇

前程住定有家業 이 사람은 본시 물려받은 세업이 있으나
命主他鄉人口災 육친궁이 불리하여 타향으로 떠나간다
小取虛名終有望 작게 얻어 허명만 있으나 마침내 소망을 이뤄
迎門財棠自招來 문 밖에 재물이 자연히 들어오리라.

八三〇

紗羅衣綉足金銀 능라금수 값진 비단과 금은보화가 많고
牛畜成行馬作群 집에 기르는 육축도 그 수를 헤아릴 수 없다
箱裡珍宝棠珠玉 상자속에 진귀한 보배가 가득찼으니
堂上人脊盃皆亨 당상에 팔자좋게 앉아 술잔을 기울인다.

八四〇

此數零高有職名　이 사람의 명은 관직운이 있으니
心樂有閑有盈時　마음이 한가롭고 즐겁게 세월을 보낸다
宮門舍顯有官職　궁문에 이름을 거니 벼슬로이 분명하니
富貴得須倚被權　귀인의 도움을 입어 부귀를 누리리라

八五〇

獨幹家業小職名　혼로 가업을 이루고 작은 직명도 있으니
提携合象貴人歡　귀인의 제휴로 인하여 즐거움을 누린다
他鄉並立田庄業　아울러 타향에서 전장의 업도 세우고
攀步時從吉路行　발을 들어 걷는걸마다 길운이 따르리라

八六〇

此數身高難靠親
或居雲外踏紅塵
家資蕃孰促人望
福祿悠悠自太平

이 수는 몸은 고귀하나 육친과의 정이 없으니
혹 집을 나가 강산을 편답하며 다니리라
집안에 재물이 늘고 인망도 얻으리니
복록이 유구하여 자연 태평히 지내리라

八七〇

不靠姻末不伏親
宮門遇日聚財珍
牛馬猪羊皆命有
勞何辛苦弄精神

부모 형제 친척간에 의지 할 곳은 없으나
몸이 벼슬하여 날로 재물과 보배를 모인다.
집안에 우마저양 등 아쉬운 것이 없으니
어찌 몸과 정신을 수고룹게 할 필요가 있으랴

八八〇

此數公門可立身 이 수는 공문의 인연이 있으니 입신할 것이오
清廈生來不踏貧 일생 청고하게 살되 가난을 겪지 않는다
財帛金銀非滿積 금은 재백은 가득히 쌓아두지 못하나
宮中成孰自然榮 관문에 공을 세워 자연히 영화로우리라

八九〇

數主其中意氣高 재주가 있고 의기가 고강하나
求官進步不須榮 벼슬을 구하여 노력하나 얻기 어렵다
自有貴人相扶助 자연이 귀인이 와서 서로 도와주니
家豊晚景日滔滔 만년에 가세가 풍족하여 태평세월 하리라

九〇〇

淸高道德顯門高 도덕이 청고하여 문호를 높이 나타내고
福祿悠悠其有財 복록이 면면하고 재물도 넉넉하다
美職威權人讚美 훌륭한 직위 위권이 있으니 남이 찬미하고
命招人物自然來 인물이 자연 성취되니 명성이 자자하리라

九一〇

仙鶴穿林小職名 사람됨이 수려하니 관직을 먹을 명이오
碧雲家業獨爲尊 벽운같은 가업을 유독 높게 빛낸다
命作九流儒上客 명이 구류에 노는 이름있는 선비요
雁雁俊雅樂門迎 형제마다 준아하여 입신하고 돌아오리라

九二〇

有日虛爲著顯權 헛된 것으로 권위를 나타내기를 즐겨하나

幼年莫爲千里落 어려서 천리타향에 나서지 마라

運限亨通時々足 운한이 되면 형통함이 때때로 이르는데

他鄉獨立是思愁 타향에 혼로 서서 근심으로 세월하리라

九三〇

微官不識身有貴 적은 벼슬이 몸이 귀함을 알지 못하나

衣祿豊盈足外財 의록이 풍영하고 외방 재물이 족하다

吉見宮星榮晚歲 길성이 비쳐오니 만년의 영화가 있고

他房福祿日自來 타방에서 복록이 날로 이르리라

九四〇

英雄意豪顯淸奇
頂玉腰金着紫衣
靑衫金袍百人士
須當須決免灾厄

영웅호걸의 명으로 청기함이 뛰어나니
옥관 금띠 띠고 비단 자의를 입었다
푸른 나삼 금빛도포에 선비중의 선비이니
비록 어려움을 당찰지라도 재액을 면하리라

九五〇

朱衣旗捧傑中豪
脫却盖衫掛錦袍
命載威權多憂禍
紫羅爭時福祿高

붉은 옷에 깃발이니 호걸중의 호걸이오
문득 평민복을 벗고 비단관복을 걸친다
명에 위권이 있으나 근심과 재앙이 많으니
액운이 지나면 다시 복록이 높으리라

九六〇

藪住奇才有異名　위인이 기이한 재주 있어 특이한 명성을 얻으
四遠超群出頗高　리니 사방 먼곳까지 무리보다 높게 뛰어난다
莫傳牢籠盈合사　때를 기다리고 헛되이 망동하지 마라
自然天賜福綿々　자연히 하늘에서 복록을 면면하게 주리라

九七〇

馬上英雄展玉鞭　마상의 영웅이 옥 채찍을 펼치니
逍遙快是神仙客　쾌락하게 소요하는 신선객이로다
清高名氣世間推　청고한 이름에 기개가 세간에 떨치니
衣紫榮華美少年　자의 입은 영화요 미소년의 공명이로다

九八〇

朱覆金門貴榮當　비단신 신고 금문을 밟으니 영귀가 당함이오
庫滿珍珠積滿倉　금은 진주 보배가 창고에 가득하도다
玉燈金鞍綿華奢　옥등켜고 금안장에 화려하고 사치스러우니
此敎登科八醉鄉　바로 과거에 급제하고 금의환향 함이려라

九九〇

敷蒲精神顯上房　뜻이 고상하고 포부가 원대하며 정신이 거룩하니
大明稱讚一朝潤　사람들의 칭찬이 자자하고 명성이 빛나도다
崢嶸富貴安邦子　쟁영한 부귀를 얻어 기반을 세우니
便是天仙樂畵室　그림같은 집에서 신선같은 즐거움을 누리리라

1000

人之八字至此數 사람의 팔자가 이 수에 이르면
財帛錦繡金滿倉 재물과 비단과 황금이 창고에 가득하다
腰係黃金頂在玉 황금띠를 두르고 옥 관을 썼으니
悠々福祿自大乎 유유한 복록이 자연히 이르리라

부 록

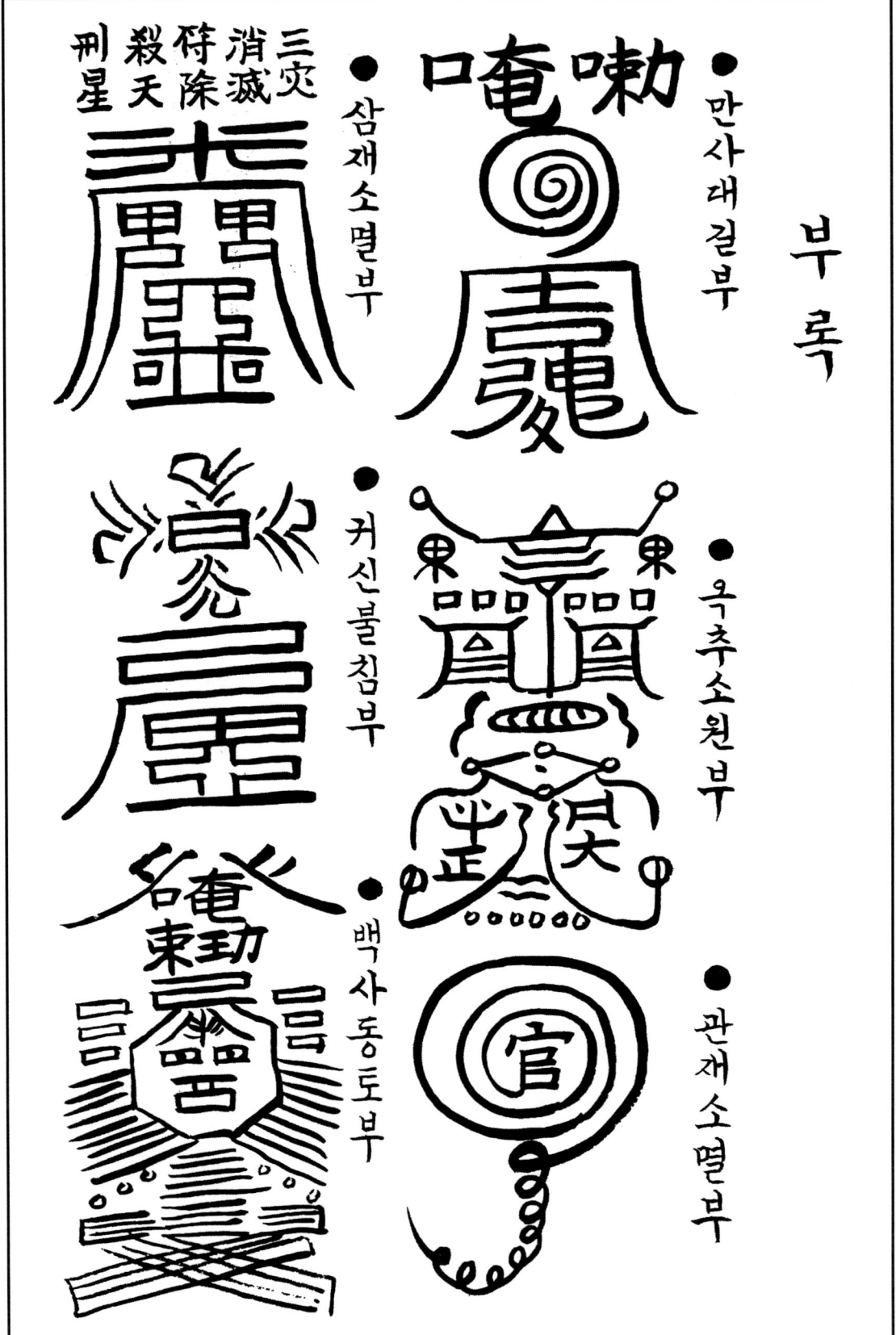

● 만사대길부

● 삼재소멸부 (三災消滅 符除殺天刑星)

● 옥추소원부

● 귀신불침부

● 관재소멸부

● 백사동도부

질병과 부적

◎ 三十日 두병원인과 처방

● 初一日병은 동남목신과 객사키신 탈이니 두통한 열에 음식맛이 없다 즉시 위 부적을 그려서 한장은 태워마시고 한장은 문 위에 붙이라

● 二日병은 동남친척 노귀의 탈이니 두통 구도하고 한열이 심하다. 구병코자 하면 즉시 위 부적을 그려서 한장은 태워먹고 한장은 문 위에 붙이라

● 三日병은 정북방 원귀의 탈이니 두통 한열이 심하고 음식부진이라 병을 고치려면 즉시 위 부적을 그려서 한장을 태워 마시라

● 四日병은 동북쪽 객귀가 집탈이라 두통에 구도하고 몸이 무거우며 어지럽다. 즉시 이 부적을 二장 그려 문 위에 붙이고 一장은 태워마시라

● 五日병 동북방에 석류귀의 탈이니 구도하고 한열이 심하다. 병을 물리치는 범은 즉시 이 부적을 그려 한장은 태워마시고 한장은 몸에 지녀라

● 六日병은 정동방 목신 황두귀의 탈이니 사지가 무겁고 전신이 아프다 병을 물리치려면 위 부적을 二장 그려 한장은 살아마시고 한장은 차고다녀라

● 七日병은 동남 토지신 노귀의 탈이니 한열과 구도에 사지가 무겁다 병을 물리치려면 위 부적을 그려서 태워마시면 걸하나니라

● 八日병은 동북 토지신 커집탈이니 허리와 무릎이 다 아프고 한열에 기운이 없다 즉시 위 부적 一장을 그려 태워마시면 걸하나니라

● 九日병은 정남방 친척 여귀의 탈이니 구도에 기운이 없고 전신이 무겁다 위 부적 二장을 그려 한장은 태워마시고 一장은 문 위씨 불이라

●十日병은 정동방 객귀의 탈이니 한열 두통과 사지가 아프고 음식생각이 없다 위 부적 한장을 그려 태워마시면 병이 신효하게 낫느니라

●十一日병은 정북방 원통하게 죽은 여귀의 탈이니 물을 많이 찾고 음식을 토하며 입맛이 없다 위 부적을 그려 문 위에 붙이면 길하니라

●十二日병은 동북방 토지 가귀의 탈인데 구토에 입 안이 마르고 사지가 차다 위 부적 一장을 그려 방위에 붙여두면 길하니라

●十三日병은 동북방 소녀귀신의 탈인데 음식맛이 없고 한기가 나며 곽난이 난다 즉시 위 부적二장을 그려 一장은 태워 먹고 한장은 문 위에 붙이라

●十四日병은 정동쪽 집커신의 탈이니 곽난이 나고 수족이 차며 음식맛이 없다 즉시 위 부적 二장을 그려 一장은 태워 먹고 一장은 문 위에 붙이라

● 十五日병은 정남방 수화신의 탈인데 한열 구토에 음식맛이 없다 병을 고치려면 위 부적 二장을 그려 一장은 태워마시고 一장은 문 위에 붙이라

● 十六日병은 남서쪽 가신의 탈이니 두통에 사지가 무겁고 한열이 왕래한다 위 부적을 그려 一장은 태워마시고 一장은 몸에 지니라

● 十七日병은 정서방 소년거신의 탈이니 두통에 사지가 불덩이 같고 한열이 심하다 위 부적을 그려 一장은 태워마시고 一장은 몸에 지니면 길하다

● 十八日병은 서남방 식물거신의 탈이니 곽난나고 음식맛이 없으며 한열이 왕래한다 위 부적을 그려 一장은 태워먹고 一장은 머리에 지니면 길하니라

● 十九日병은 정북방 원혼여귀의 탈이니 구토에 위는 뜨겁고 아래는 차며 목이 탄다 위 부적을 그려 一장은 태워마시고 一장은 몸에 지니라

● 二十日 병은 동북방 토귀의 탈이니 구도에 한열이 나고 앉으나 누우나 불편하다 위 부적을 그려 一장은 태워먹고

● 二十一일 병은 동북쪽 소년귀신의 탈인데 곽난이 나고 배가 아프며 음식맛이 없다 위 부적을 그려 一장은 문 위에 불이라

● 二十二일 병은 정중쪽 우물에 빠져 죽은 귀신의 탈이니 곽난이 타고 입이 타며 수족이 차다 위 부적을 그려 一장은 몸에 지니고 一장은 태워마시면 길하니라

● 二十三일 병은 정남쪽 산신(産神) 객사귀의 탈이니 곽난과 복통이 나며 잠을 자지 못한다 위 부적을 그려 一장은 몸에 지니고 一장은 문 위에 불이라

● 二十四일 병은 서남쪽 여귀의 탈이니 산지가 무겁고 한열이 심하다 위 부적을 그려 一장은 태워마시고 一장은 몸에 지니면 길하니라

●二十五日 병은 정서쪽 금신노귀의 탈인데 전신이 노곤하고 음식생각이 없다 위 부적 1장만 그려 환자의 침실 문 위에 붙여 두면 길하니라

●二十六日 병은 서북에서 얻고 북방대신 천귀의 탈이니 두통과 현기증이 나며 옴싹달싹 하기 싫은 증세이다 위 부적을 방문위에 붙여두면 길하니라

●二十七日 병은 정동에서 두병인바 동방 소녀귀신의 탈이다 구토 곽난과 한열이 심하고 머리가 아프다 부적 1장만 문 위에 붙이면 길하니라

●二十八日 병은 정북방 금신 처녀귀신의 탈이니, 두통에 열이나고 잠을 못자며 음식맛이 없다 위 부적을 그려 1장은 태워먹고 1장은 몸에 지니라

●二十九일 병은 동남쪽 토시신의 탈이니 두통에 열이 나고 음식맛이 없다 위 부적 1장만 그려 평상위에 붙여 두면 길하니라

● 三十일 병은 동북쪽 남자 귀신의 탈이니 두통, 복통에 토사가 나고 음식맛이 없다 위 부적 一장을 그려 몸에 지니면 길하니라

위 부적도 백지에 경면주사로 그려 환자의 몸에 지녀 주면 길하다

자생(子生)이 오경일(午庚日)에 병이 나면 흉하다
축생(丑生)이 축유일(丑酉日)에 병이 나면 흉하다
인생(寅生)이 인진신(寅辰申)일에 병이 나면 흉하다
묘생(卯生)이 신해일(申亥日)에 병이 나면 흉하다

진생(辰生)이 오병일(午丙日)에 병이 나면 흉하다
사생(巳生)이 해자일(亥子日)에 병이 나면 흉하다
오생(午生)이 인진술일(寅辰戌日)에 병이 나면 흉하다
미생(未生)이 진미신(辰未申)일에 병이 나면 흉하다
신생(申生)이 인묘술일(寅卯戌日)에 병이 나면 흉하다
유생(酉生)이 인묘진미정일(寅卯辰未丁日)에 병나면 흉하다
술생(戌生)이 인진임(寅辰壬日)에 병이 나면 흉하다
해생(亥生)이 사묘기일(巳卯己日)에 병이 나면 흉하다

◎ 명종불견법(命終不見法)

환자가 병이 위독하여 곧 숨을 거두려 할때 해당인은 보지 않는다

자일(子日) - 사해생(巳亥生)이 보지 않는다

◎ 육도 환생법 (六道還生法)

축일(丑日)에는 사오미생(巳午未生)이 보지 않는다
인일(寅日)에는 사유생(巳酉生)이 보지 않는다
묘일(卯日)에는 사유생(巳酉生)이 보지 않는다
진일(辰日)에는 해자생(亥子生)이 보지 않는다
사일(巳日)에는 사신해생(巳申亥生)이 보지 않는다
오일(午日)에는 인사오생(寅巳午生)이 보지 않는다
미일(未日)에는 사미생(巳未生)이 보지 않는다
신일(申日)에는 사신생(巳申生)이 보지 않는다
유일(酉日)에는 사미생(巳未生)이 보지 않는다
술일(戌日)에는 인사생(寅巳生)이 보지 않는다
해일(亥日)에는 사미생(巳未生)이 보지 않는다

육도(六道)란 천도(天道)·불도(佛道)·인도(人道)·귀도(鬼道)·축도(畜道)·지옥도(地獄道)의 여섯가지를 말하는 바 사람이 죽으면 이 육도가운데 어느 곳엔가 태어난다고 한다

자축일(子丑日)에 사망한 자는 천도(天道)에 나고
오미일(午未日)에 사망한 자는 불도(佛道)에 나고
인신일(寅申日)에 사망한 자는 인도(人道)에 나고
묘유일(卯酉日)에 사망한 자는 귀도(鬼道)에 나고
진술일(辰戌日)에 사망한 자는 축도(畜道)에 나고
사해일(巳亥日)에 사망한 자는 지옥도(地獄道)에 난다

◎ 초상방위법(初喪方位法)

이는 초상집 흉방이니 해당되는 자는 마땅히 피하라.

자생(子生)-묘방(卯方)이 흉, 축생(丑生)-술방(戌方)이 흉
인생(寅生)-신방(申方)이 흉, 묘생(卯生)-오방(午方)이 흉
진생(辰生)-술방(戌方)이 흉, 사생(巳生)-해방(亥方)이 흉
오생(午生)-자방(子方)이 흉, 미생(未生)-축방(丑方)이 흉
신생(申生)-인방(寅方)이 흉, 유생(酉生)-묘방(卯方)이 흉
술생(戌生)-미방(未方)이 흉, 해생(亥生)-사방(巳方)이 흉

子方(자방)-正北　午方(오방)-正南
丑寅方(축인방)-東北　卯方(묘방)-正東　酉方(유방)-正西
辰巳方(진사방)-東南
未申方(미신방)-西南
戌亥方(술해방)-西北(서북)

◎ 입관법 (入棺法)

甲乙日 — 巳戌時吉 (갑을일은 사술시가 대길)
丙丁日 — 巳戌時吉 (병정일은 사술시가 대길)
戊己日 — 寅申時吉 (무기일은 인시가 대길)
庚辛日 — 亥時吉 (경신일은 해사가 대길)
壬癸日 — 酉時吉 (임계일은 유시가 대길)

◎ 불설삼재경

나무상방천관 조신   나무중방지관 조신
나무하방수관 조신   나무동방화관 조신
나무서방풍관 조신   나무남방시관 조신

나무북방일관 조신 나무중방월관 조신
나무허공년관 조신 나무지하일체 조신

　　　　삼재 소멸진언

옴 급급 여율령 사바하 (삼송)

　　　　삼재풀이 축원

앙원일체 삼재 조관신 모년(某年-太歲干支 ○도 ○군 ○면 ○리
○생(삼재든 자의 生年干支) 모인(성명) 삼재 영위소멸 금일 지
극정성 사대강군 육군청정 수명장수 만복구족 악인원리 선
인상봉 여의원만 성취지원 —쎄번—

　　삼재풀이하는 요령

상 위에 밥 세 그릇, 백미 한 말, 삼색과일, 술 세 잔, 삼재 든 자의 옷 한가지, 금강탑다라니 세장, 삼재부적 세장을 차려놓고 천수경 삼편과 금강탑다라니 칠편을 읽은 뒤에 다리니와 웃옷, 부적 한 장은 불사르고 축원을 세번 한다.

그리고는 부적 한장은 삼재든이가 몸에 지니고, 한 장은 삼재든 자가 거처하는 방문 위에 붙인다

삼재입명 (三災入命)

신자진생(申子辰生) ― 인묘진년(寅卯辰年)
사유축생(巳酉丑生) ― 해자축년(亥子丑年)
인오술생(寅午戌生) ― 신유술년(申酉戌年)
해묘미생(亥卯未生) ― 사오미년(巳午未年)

1999년 6월 10일 재판
2005년 6월 15일 3판 발행
2019년 10월 15일 4판 발행

발 행 처 동양서적
　　　　　경기도 파주시 혜음로454번길 18-52
　　　　　전화 (031) 957-4790
　　　　　FAX (031) 942-4710
발 행 인 안 장 훈
등 록 일 2013년 3월 18일
등록번호 110-98-97906

값 15,000원

ISBN 978-89-7262-030-3 03180